W0231349

Sven Hänke

Nackte 裸婚 Hochzeit

Wie ich China lieben lernte

Rowohlt · Berlin

1. Auflage Januar 2016
Copyright © 2016 by Rowohlt · Berlin Verlag GmbH, Berlin
Satz aus der Diogenes bei Dörlemann Satz, Lemförde
Druck und Bindung CPI books GmbH, Leck, Germany
ISBN 978 3 87134 790 0

Inhalt

Nackte 裸婚 *Hochzeit*

Liebe Haus, liebe Raben

1 Bofu sieht mich streng an. Das sonst so heitere Gesicht unter seinem akkuraten Bürstenhaarschnitt verfinstert sich. Bis vor wenigen Sekunden hatte er meine vorübergehende Sprachlosigkeit wohl noch für einen schlechten Scherz gehalten. Aber jetzt lächelt er nicht mehr.

Auch der Moderator der Feier, der irritierenderweise aussieht wie eine asiatische Variante des jungen Ulli Potofski und der zuvor durch nichts aus der Ruhe zu bringen war, schafft es nur noch mit Mühe, sein professionell eingefrorenes Lächeln weiter aufrechtzuerhalten. Bislang war er sehr souverän. Als ich mich bei dem Versuch, mit einer hölzernen Waage Dingdings Schleier zu lüften, ausgesprochen ungeschickt angestellt hatte, blieb er ruhig. Irgendwie schaffte er es, dass der ganze Saal meine Tollpatschigkeit für einen Teil der Show hielt. Als ich mich seiner Anweisung widersetzte, beim Kotau mit den Knien etwas näher an Bofu heranzurutschen, ignorierte er das einfach. Ich hätte ihm gern den Gefallen getan, aber ich hatte Angst, dass die Hose meines Anzugs dafür nicht die nötige Spannkraft besaß. Bei einer derart kleinflächigen Verbeugung bestand die Gefahr, dass zweihundert geladene Gäste Zeuge wurden, wie die Nähte sich verabschiedeten und die Hose einen ungewollten Blick auf meinen unterbehosten Hintern freigab. Weil ich den Kotau in Richtung meiner Schwiegereltern machen sollte, die auf einer Art Thron saßen, wandte ich den Gästen meinen Allerwertesten zu. Meine Mutter hatte recht: Ich konnte in der kurzen Zeit unmöglich so viel zugenommen haben. Entweder hatte der Schneider in Beijing den Anzug vertauscht, oder aber er verwendete ein Schnittmuster, das man aus frühen John-Travolta-Filmen kennt.

Der Moderator wiederholt seine Aufforderung: «Und nun, da du erfolgreich um die Hand der Tochter angehalten hast, ist es an der Zeit, endgültig den Bund fürs Leben zu schließen. Sprich die Worte!» Er betont jede Silbe, und sein Chinesisch ist klar und deutlich. Dingding steht, einige Meter neben mir, vor meinen Eltern, die ebenso wie Bofu und Bomu auf einem Doppelthron sitzen. Was soll ich sagen? Ich sehe zu Dingding hinüber. Aber sie blickt einfach weiter starr geradeaus.

Verdammt, da war doch was, denke ich. Irgendetwas war da doch.

Ja, Dingding hatte bei der Hochzeitsvorbereitung etwas in der Richtung gesagt. Und jetzt erinnere ich mich auch wieder an ihren eindringlichen Blick. «Vergiss das nicht. Das ist in China wie dein komisches Jawort. Sag es laut und deutlich», hatte sie mich ermahnt.

Langsam begreife ich. Das war wohl wichtig. Vielleicht hätte ich mir besser Notizen machen sollen?

Es wird stiller im Saal. Gerade noch wurde wild durcheinandergeredet, die Schalen der Sonnenblumenkerne flogen durch die Luft, und die vollen Schnapsgläser klirrten aneinander, gemütlich untermalt vom konstanten Hupen ferner Autos. Jetzt legt sich ein gespanntes Schweigen über den rot geschmückten Raum. Der Moderator macht eine einladende Geste, die mir mitteilen soll, dass ich die Spannung nun genug gesteigert habe und es an der Zeit ist, seiner Bitte nachzukommen.

«Und nun, Han Siwen, sprich ruhig aus, was dir seit langem auf dem Herzen liegt. Lass uns Zeuge werden, wie du es zum ersten Mal über die Lippen bringst», fordert er mich in einem feierlichen Singsang-Chinesisch auf, jetzt deutlich lauter als zuvor. Als er meinen chinesischen Namen sagt, hebt er die Augenbrauen wie ein Lehrer.

Langsam bekomme ich Panik.

Was ist es denn nur, das mir auf dem Herzen liegt? Was kann es sein, das ich hier und jetzt unbedingt zu meinem Schwiegervater sagen will? Wenn es so etwas wie «mein komisches Jawort» ist – ich erinnere mich jetzt ganz deutlich, dass Dingding diese Formulierung benutzt hatte –, dann kann es doch nicht so kompliziert sein. Vielleicht war es etwas Ähnliches? Ich überlege. Wenn man beispielsweise gefragt wird, ob man einen Spaziergang machen möchte, sagt man meistens «hao», was so viel bedeutet wie «Gut, können wir machen».

Der Moderator sieht mit seinem eingefrorenen Zahnpastalächeln inzwischen nicht mehr aus wie Ulli Potofski, sondern eher wie eine versteinerte Büste von Dr. Best. Ich gebe ihm mittels Kopfnicken ein Zeichen. Er reicht mir das Mikrophon. Mit beiden Händen halte ich mich daran fest und sage: «Hao.» Ein Raunen geht durch den Saal. Ein junges Mädchen am letzten Tisch schlägt die Hand vor den Mund

und stößt einen leisen Schrei aus. Das allgemeine Geraune quittiert Bofu mit einem Gesichtsausdruck, der mir sagt, dass «Gut, können wir machen» nicht die richtige Lösung ist.

Bis auf Fiete, Daniel, Tine, meinen Bruder und meine Eltern scheint jeder im Saal zu wissen, was ich sagen sollte. Was kann ich tun? Die rote Schleife abnehmen, die man mir kurz zuvor umgelegt hatte? Das Mikrophon greifen und sagen: Okay, Leute. Ich kann es nicht. Ich weiß es einfach nicht. Verurteilt mich, aber mir fällt gerade nicht ein, was mir seit einer Ewigkeit auf dem Herzen liegt. Ich hab es einfach vergessen. Das kann doch jedem mal passieren. Ich bin heute schon über ein Feuer gestiegen, habe aus einem halbierten Kürbis getrunken, meine Mutter hat mir einen roten Gürtel mit eingenähtem Geld umgebunden. Ich habe Schuhe gesucht, rote Scherenschnitte an den Spiegel geheftet und chinesische Lieder gesungen. Hinter mir liegt ein ganzer Marathon der chinesischen Sitten und Gebräuche. Wer soll sich das denn alles merken? Wäre nun bitte irgendjemand so freundlich, mir zu sagen, was ich diesmal tun soll?

Oder soll ich zu Dingding hinübergehen und sie um Rat fragen? Offenbar ist das auch keine gute Idee. Von der Seite kann ich sehen, wie sie langsam, fast in Zeitlupe, ihr hübsches Köpfchen schüttelt. Soll ich Bofu fragen? Lieber nicht. Auch Bomu, die sonst durch nichts aus der Ruhe zu bringen ist und mir bisher noch jedes Vollbad im interkulturellen Fettnapf verziehen hatte, runzelt inzwischen besorgniserregend die Stirn. Selbst als ich Dayi damals versehentlich «alte Schachtel» genannt habe, hat sie nur gelacht. Bitte, Bomu, gib mir einen Tipp, flehe ich in Gedanken. Aber sie schaut mich weiterhin nur fragend an. Ich bin mit meiner Weisheit am Ende.

Dann sehe ich aus dem Augenwinkel, wie Jupiter, der eigentlich die ganze Feier mit seiner neuen Spiegelreflexkamera dokumentieren wollte, langsam an den Kellnern vorbeischleicht, die rechts vor der Bühne stehen, und sich unauffällig neben dem Mischpult postiert. Er grinst mich an. Dann öffnet er den Mund. Ich hoffe, er würde damit ein erkennbares Wort formen, aber stattdessen macht er den Mund einfach wieder zu.

Verdammt, Jupi, denke ich, was soll denn das heißen?

Ich sehe hinüber zu meiner Mutter.

Ihr Blick scheint zu sagen: Junge, was ist denn los? Nun sag schon deinen Spruch auf, und wir machen hier weiter.

Dann sehe ich zu meinen Schwiegereltern, ich schaue in die lustigen Augen von Bofu, und – plötzlich fällt mir wieder ein, was ich sagen sollte.

Ich nehme das Mikrophon, stelle mich direkt vor Bofu. Ich sage «Ba» – «Vater». Jetzt ist Bofu nicht mehr mein Bofu, sondern mein Laoba. Er verdrückt eine Träne und umarmt mich. Dann stelle ich mich vor Bomu, sage «Ma» zu ihr, und sie wird zu meiner Laoma. Anschließend sagt Dingding zu meinem Vater «Ba» und zu meiner Mutter «Ma» und wird damit in die Familie aufgenommen. Die Gäste stehen auf und klatschen Beifall, die Schnapsgläser klirren, und es geht weiter, mit den Hochzeitszigaretten, den Hühnerfüßen und dem anderen chinesischen Theater.

In China gibt es ein altes Sprichwort über die Liebe. Wörtlich übersetzt heißt es: «Liebe Haus, liebe Raben.» Wenn man ein Haus liebt, liebt man auch die Raben, die unter seinem Dach wohnen. Laut Dingding bedeutet es, dass man nicht nur seinen Partner liebt, sondern auch den Vogel, den er hat. Aber das ist natürlich Unsinn. Es bedeutet, dass man nicht nur einen Menschen liebt, sondern auch sein Land und seine Familie und alles, was dazugehört. Es hat ein wenig gedauert, bis ich mich an Dingdings Raben gewöhnt habe, aber inzwischen kommen wir ganz gut miteinander aus.

二

Flagt eine Maus, wohin es geht

2 Es ist noch nicht lange her, da hatte ich mit China rein gar nichts am Strohhut. Bevor ich meine etwas zu groß geratenen Füße zum ersten Mal auf volkschinesischen Boden setzte, deutete in meinem Leben nur sehr wenig auf einen intensiveren Kontakt mit dem hinteren Orient hin. Meine familiären Wurzeln liegen in einem kleinen Dorf in der Nähe von Hamburg. Es heißt Brunsbek, aber als Dingding es zum ersten Mal aussprach, klang es ein bisschen wie «Bumsberg». In Bumsberg schubsen die Jugendlichen nachts die schlafenden Kühe um, und wer nicht im Schützen-, Tennis- oder Fußballverein ist, der ist bei der Freiwilligen Feuerwehr. Ansonsten bekäme man auch nicht mit, falls im Dorf wider Erwarten einmal etwas passiert.

Dingding sagt, sie habe nie gedacht, dass derartige Orte überhaupt existieren, so «totgestorben», wie sie sich ausdrückt, fand sie Bumsberg bei ihrem ersten Besuch. Ich würde es ja eher idyllisch nennen, aber sie hat schon recht.

Für Chinesen, in deren Heimat manche Fischerdörfer inner-halb weniger Jahre zu stahlbetonierten Zukunftsvisionen mutieren, muss das norddeutsche Flachland wirken, als sei es aus der Zeit gefallen. Im Vergleich zu China verläuft dort das Leben wie ein Schneckenrennen in Superzeitlupe; die Vorgärten mit den Blumenbeeten und den Buchsbaum-hecken wirken, als wären sie schon immer da gewesen.

Manchmal ist dann doch etwas los. Wenn zum Beispiel der Knecht Otto nach dem Osterfeuer mit seinem Mofa betrunken gegen einen Schweinestall geknattert ist, dann muss man schon gut vernetzt sein, um all die spannenden Einzelheiten zu erfahren.

Meine Mutter ist in Hamburg aufgewachsen, aber für die Liebe ihres Lebens tauschte sie das bürgerliche Wandsbek gegen die gut und reichlich gedüngten Felder der Stormar-ner Einöde ein. Meinen Vater hatte es schon immer aufs Land gezogen, je öder, desto besser. Wahrscheinlich hat er deswegen das schöne Bumsberg gewählt und dort ein Grundstück in einer Lage gekauft, in der sich die letzten An-zeichen menschlicher Siedlungstätigkeit im Jauchedunst der Felder verlieren. Es dauerte eine ganze Weile, bis meine Mutter sich an die neue Umgebung gewöhnt hatte – an die frische Landluft, wie mein Vater den Güllegestank nennt, und die Menschen, die darin herumspazieren. Aber spätes-tens als sie feststellte, dass mein Bruder und ich zu wasch-echten Landeiern heranwuchsen, und wir ihr regelmäßig frisch gesammelte Regenwürmer aus dem Garten als Ge-schenk brachten, gab sie den Widerstand auf. Sie nahm die verkräuselten Wurmklumpen entgegen, bedankte sich bei den braven Kindern und wurde Mitglied im Tennisclub.

Meine Mutter beschloss bald, dass mein Bruder und ich auch das bunte Stadtleben kennenlernen sollten. Manchmal war es ihr wohl ein wenig peinlich, dass ihre Kinder solche Dorftrottel waren. Das las ich zumindest in ihrem Gesichtsausdruck, als ich beim Einkaufen in Hamburg-Wandsbek alle Leute freundlich grüßte, die uns auf dem Weg vom Parkhaus zu Karstadt entgegenkamen. Menschen auf der Straße grüßt man, so hatte ich es gelernt. Woher sollte ich wissen, dass in der großen Stadt ganz andere Spielregeln galten als bei uns zu Hause, wo man jeden grüßt, auch wenn man ihn nicht kennt? Denn meistens kennt man ihn ja doch, oder man lernt ihn mit an Sicherheit grenzender Wahrscheinlichkeit bald kennen, ob einem das nun lieb ist oder nicht.

Aus diesem Grund machten wir hin und wieder einen Ausflug in die große Stadt. Und da merkte ich: Hamburg ist eine ganz andere Hausnummer als das gute alte Bumsberg. Ich gewöhnte mich langsam an den Gedanken, dass die Welt da draußen aus deutlich mehr bestand als aus Deutz-Treckern und Melkmaschinen, und verstand, dass man nicht die ganze Zeit in Gummistiefeln herumlaufen konnte.

Später schaffte ich es, immer besser zu verbergen, wo ich eigentlich herkam. Aber selbst nach dem Umzug nach Berlin in den Prenzlauer Berg bin ich im Herzen Dorfkind geblieben – hier ist man mit dieser Eigenschaft aber auch gar nicht so allein. Später, in Beijing, zeigte sich, dass meine dörfliche Herkunft in einer Megacity sogar von Nutzen sein konnte. Meine traumatischen Erinnerungen an das Herzhäuschen auf dem alljährlichen Stoppelfest ermöglichten es mir, bei der einen oder anderen Hutong-Toilette zunächst Ruhe zu bewahren.

Mit Menschen aus anderen Ländern kam ich in meiner Kindheit fast nur in Kontakt, wenn wir Urlaub machten. An meiner Schule gab es zwar einige Kinder von libanesischen

Ärzten oder englischen Anwälten, aber sie waren allesamt in Deutschland aufgewachsen und auch äußerlich meist nicht weiter auffallend. Chinesen begegnete ich nur, wenn ich im Restaurant Lotus Garten eine Bestellung abholte. Zumindest dachte ich damals, es seien Chinesen. Sie waren klein und hatten schmale Augen. Ihr dunkles Haar war so glatt und dick, dass selbst die von den libanesischen Arztkindern gestriegelten Pferde neidisch werden konnten. Wie man sich das bei Chinesen eben vorstellt. Aber als ich Jahre später versuchte, Fiete in jenem Restaurant die hart erarbeiteten Chinesischkenntnisse vorzuführen, erfuhr ich, dass dort gar keine Chinesen arbeiteten, sondern Vietnamesen und Pakistaner, wie in fast allen deutschen Chinarestaurants.

Die meiste Zeit meines Lebens spielte China schlicht und einfach keine Rolle. Und dann, eines Tages, saß ich im Büro von Professor Mandé. Ich hatte an vier verschiedenen Universitäten studiert und einen Abschluss in Germanistischer Linguistik, Philosophie und Publizistik in der Tasche. Ich war nicht der schnellste Student, aber die Noten waren gut – und als mein Professor sagte, er könne sich vorstellen, dass ich bei ihm promovieren würde, begann ich mit einer Arbeit über metaphorische Konzepte. Eines Tages saß ich also in der Sprechstunde meines Professors – er war in den Jahren an der Universität der Einzige, den ich mit einem Possesivpronomen bedachte – und sah seine Augen blitzen. Er erzählte von Indien, von Paris und vor allem von Griechenland. Er hatte dort als DAAD-Lektor gearbeitet.

«DAAD-Lektor?», fragte ich. «Entschuldigen Sie mein Unwissen, aber was ist denn das?

«Ich glaube, das wäre etwas für Sie. Über den Deutschen Akademischen Austausdienst im Ausland Deutsch zu unterrichten. Erkundigen Sie sich mal nach einer DAAD-Stelle in Spanien. Sie können doch Spanisch.»

Ich erkundigte mich, aber irgendwie wurde daraus nichts.

Einige Zeit später war ich wieder in seiner Sprechstunde. Professor Mandé saß auf seiner Ledercouch und zog an einer Pfeife. Vor den Regalen stand ein Flipchart, an dem eine Kalligraphie seines Namens angebracht war, und vor mir auf dem Couchtisch lag ein Schlüsselanhänger, eine Kugel, in der ein Plastikauge schwamm.

«Wie wäre es denn mit China?», fragte er.

«Was wäre wie mit China?», fragte ich.

«Wollen Sie nicht vielleicht nach China?»

«Kommt darauf an.»

«Ich habe gestern die Ausschreibung einer chinesischen Universität hereinbekommen.»

«Aha», sagte ich.

«Ich könnte mir vorstellen, dass es Ihnen vielleicht ganz guttun würde. Fernost. Warten Sie, ich glaube, der Zettel liegt noch im Sekretariat.»

Er stand auf und verließ das Büro. Ich saß da. Das Auge auf dem Tisch beobachtete mich. Vielleicht war es an der Zeit, etwas ganz anderes zu machen. Ich war gerade Single. Beziehungen lagen hinter mir, und der Gedanke, mich für die nächsten Jahre hinter Bücherstapeln vor der Welt zu verstecken, gefiel mir ganz und gar nicht. Aber deswegen arbeitet man doch nicht gleich für einen Unrechtsstaat! Oder doch?

Eines meiner Lieblingsbücher ist die Autobiographie von Felix Graf von Luckner, jenem Mann, der als Jugendlicher im Hamburger Hafen auf einen Frachter gestiegen war, einfach um nachzusehen, wie weit die Welt da draußen wirklich ist. Er war weder zur Berufsberatung gegangen, noch hatte er eine Auslandskrankenversicherung abgeschlossen. Er hatte es einfach gemacht.

Außerdem stand über die Globalisierung ja auch viel Positives in der Zeitung. Vielleicht war das eine gute Gelegenheit, da selbst ein bisschen mitzumachen. Erst recht in China: Mandarin-Kenntnisse – auch das stand in der Zeitung – wurden immer wichtiger. Das alles ging mir durch den Kopf, als mein Professor zurückkam.

«Es tut mir leid. Die Sekretärin muss die Stellenausschreibung versehentlich entsorgt haben. Nichts zu machen.»

«Oh!», sagte ich.

«Das wäre vielleicht etwas für Sie gewesen», sagte er, setzte sich auf die Ledercouch und zündete die Pfeife wieder an. Dann sagte er lange nichts.

«Warten Sie. Ich seh noch mal nach.» Er stand wieder auf und verließ das Büro.

Minuten vergingen, Minuten, in denen ich durch Reisfelder watete und im Morgengrauen elegante Kung-Fu-Bewegungen ausführte. Als mein Professor dann zum zweiten Mal in der Tür stand, hielt er einen Zettel in der Hand. Bis heute liegt dieser Zettel in meiner Schreibtischschublade neben dem Hochzeitsausweis der Volksrepublik China.

«Sehen Sie», sagte er, «bei uns kommt nichts weg.»

Es war die Ausschreibung für eine Stelle als Universitätsdozent in einer chinesischen Zehn-Millionen-Stadt namens Tianjin, von der ich noch nie zuvor etwas gehört hatte. Vier Monate später saß ich im Flugzeug und trank Jasmintee aus einem Plastikbecher, serviert von einer chinesischen Stewardess mit entzückenden Segelohren. Sie lächelte mich an, und ich hatte das seltsame Gefühl, dass mich dort in diesem fernen Land tatsächlich irgendetwas erwartete.

Kurz vor meiner Abreise hatte mir mein Kumpel Fiete

zum Abschied noch ein dünnes Büchlein mit dem Titel «Das Denken der Chinesen» geschenkt. Das Buch hatte er in einer Kiste im Keller gefunden. Es war total vergilbt, und ich ging davon aus, dass man damit genauso wenig anfangen konnte wie mit all den anderen Dingen, die er anschleppte. Und so war es auch. Die kulturellen Eigenheiten wurden in diesem Buch mit der akuten Wasserknappheit und dem Bau komplexer Kanälsysteme erklärt. Die Chinesen bauten Kanäle, stritten sich mit ihren Vorarbeitern, planten neue Projekte, und *zack!* hatten sie den Salat, den man als chinesische Kultur bezeichnet.

Interessant, dachte ich, was man nicht alles von Bewässerungssystemen ableiten kann! – und warf das Buch umgehend in die runde Ablage unter meinem Schreibtisch. Stattdessen kaufte ich einen Marco-Polo-Reiseführer, ein T-Shirt mit der Aufschrift «Just Looking» und ein chemisches Mittel zur Keimbekämpfung im Trinkwasser. Außerdem wusste ich, dass man Visitenkarten unbedingt mit beiden Händen übergibt. Das sollte erst einmal reichen, um mit den Chinesen fertigzuwerden. Um alles Weitere würde ich mich vor Ort kümmern.

Im Grunde war ich bis dahin in meinem Leben nur einem einzigen Chinesen wirklich begegnet: dem alten Wong. Wenn mein Bruder und ich auf den langen Autofahrten von Bumsberg nach Italien auf der Rückbank unseres VW Passats um das Captain-Future-Malbuch stritten, versuchte mein Vater immer, uns abzulenken. Er legte dann eine der zwei Hörspielkassetten ein, die wir mitgenommen hatten. Weil mein Bruder und ich uns sehr oft stritten, kann meine Familie die beiden Kassetten noch heute fast vollständig mitsprechen. Besonders bei meinem Vater haben diese Autofahrten dauerhafte Schäden hinterlassen. Die Dialoge von

«Drei Fragezeichen und der grüne Geist» haben sich so tief in sein Gedächtnis eingebrannt, dass er sie noch heute mit erschreckender Sicherheit zu zitieren beginnt, wenn man den alten Wong auch nur erwähnt. Der fiese Chinesengreis spricht mit quietschender Stimme und lacht in einer Tonlage, die an den Klang von Fingernägeln auf einer Schiefertafel erinnert. Mein Vater trifft bei seiner Interpretation diese Tonlage so gut, dass mir jedes Mal ein kalter Schauer über den Rücken läuft.

Der alte Wong: «Kommt!»

Bob: «Wohin?»

Der alte Wong: «Flagt eine Maus, wohin es geht, wenn Adlelklauen sie elgleifen?»

Diese Metapher habe ich als Kind nie ganz verstanden. Warum auch sollte die Maus den Adler nicht zumindest nach dem Zielort fragen dürfen, wenn es denn schon auf diese voraussichtlich letzte Reise ihres Lebens geht? Wenn man verschleppt wird, möchte man doch üblicherweise wissen, wohin. Oder ist es besser, sich seinem Schicksal zu ergeben? War das eine chinesische Weisheit? Wenn ja, dann konnte ich mich in China auf einiges gefasst machen. Oder sollte es einfach bedeuten, dass Mäuse nicht sprechen können, und wenn doch, dass der Adler höchstwahrscheinlich kein Mäusisch versteht, erst recht nicht im Flug? Schon als Kind ahnte ich, dass bei der uralten Weisheit der Chinesen immer ein Rest an Unerklärlichem mitschwingt, über den man sich lieber nicht zu lange den Kopf zerbricht. Der alte Wong jedenfalls hatte noch mehr chinesische Kuriositäten auf Lager. Er war hundertsieben Jahre alt, weil er regelmäßig von einer Schnur «unendlich kostbarer Perlen» naschte.

Was ich damals nicht wusste, ist, dass das literarische Motiv der lebensverlängernden Perlen einer alten chinesischen

Sage entstammt. Offensichtlich haben sich die Hörspielmacher hemmungslos am Kulturgut der Chinesen bedient. Im Orignal endet das Ganze schließlich, typisch chinesisch, in einem furiosen Finale: Der Raub der Zauberpillen wird mit der Verbannung auf den Mond bestraft, wo die einzige Abwechslung in der tristen Kraterlandschaft ein irrlichternder Hase ist. Dieses Schicksal blieb dem alten Wong erspart, und auch mir sollte es in China deutlich besser ergehen.

三

Beim Jupiter

3   Die ältere chinesische Dame, die im Flugzeug neben mir saß, fing ungefähr über der Ukraine an zu schnarchen und legte dabei ihren Kopf auf meine Schulter. Wir landeten in Beijing. Nachdem ich die Sicherheitskontrollen passiert hatte, war der Speichelfleck auf meiner Schulter durch die staubig-heiße Luft schon fast getrocknet. Das war auch gut so, denn ich hatte gerade meinen Koffer geholt, da sah ich auch schon, dass direkt hinter der Absperrung ein junger, sehr schlanker Chinese stand und allen weißen Männern unter sechzig aufgeregt ein Schild mit meinem Namen unter die Nase hielt. Auch ihm machte die Hitze zu schaffen. Er trug einen schwarzen Anzug, der zwei Nummern zu groß war, und nahm seine Aufgabe ohne Frage sehr ernst. Als ich ihm zu verstehen gab, dass ich derjenige war, nach dem er suchte, stürmte er mir hektisch entgegen.

«Lehrer Hänke. Es freut mich außerordentlich, Sie kennenzulernen. Ich bin Jupiter. Ich komme von Nankai-

Universität, zweites Semester Germanistik. Ich heiße Sie herrlich willkommen in Volksrepublik China. Ich bin gekommen, Sie zu holen.»

Er sprach in einem etwas eigensinnigen Singsang, klar und deutlich, aber mit einer ungewohnten Tonlagenvariation.

«Das ist aber sehr freundlich von Ihnen.» Ich ignorierte den bedrohlichen Beiklang seiner Worte.

«Herr Lehrer, ich helfe mit der Koffer. Ich ziehe das Koffer.»

«Ach, das geht schon», sagte ich.

Aber Jupiter hatte sich in Windeseile meinen dreißig Kilo schweren Rollkoffer geschnappt und schleppte ihn wortlos von dannen. Dann blieb er stehen, drehte sich zu mir um und zog sein Jackett aus.

«Entschuldigen, dass ich mich entkleide. Heute ist es zu heiß. Verzeihung Sie meine Unhof.»

«Das ist doch nicht unhöflich. Warten Sie, ich nehme den Koffer.»

Aber Jupiter machte eine abwehrende Geste.

«Sie sind Chinas Gast. Und ich bin eine Chinese. Sie sind ein wichtiger Lehrer. Normalerweise bin ich dabei noch anzüglicher.»

«Noch anzüglicher?», fragte ich.

«Ja. Noch anzüglicher», sagte er, ächzte unter der Last meiner Habseligkeiten und zog weiter. «Folgen Sie mir!»

Mit dem Handgepäck trottete ich ihm hinterher.

«Da hinten vor der Haupthalle auf der Parkplatz steht ein Volkswagen bereit», er wandte sich lächelnd zu mir. «Das Auto hat Klimagerät, und der Fahrer hat Führerschein. Alles für Sie.»

Tianjin liegt etwa hundertzwanzig Kilometer südöstlich von Beijing, und wir fuhren zwei Stunden an Feldern und

Wiesen vorbei. Während der Fahrt versuchte ich herauszufinden, warum der Student sich mir mit einem so eigenartigen Namen vorgestellt hatte. Für mich hießen Chinesen normalerweise Wang Dong oder irgendetwas mit ganz vielen Y und X drin. Von einem «Jupiter» in einer schwarzen Limousine samt Fahrer am Flughafen abgeholt zu werden war zwar sehr stilvoll – ich kam mir vor wie in einem James-Bond-Film –, aber etwas seltsam war es doch.

«Herr Jupiter», fragte ich ihn, «wie kommt es, dass Sie einen so schönen Namen tragen? Ist das in China nicht ein wenig ungewöhnlich?»

«Der Name habe ich selbst gesucht», antwortete Jupiter, ohne weitere umständliche Erklärungen hinzuzufügen. «Das ist eine schöner Name, oder? Es ist eine Gott.»

Er lächelte stolz, und ich überlegte lange, warum Chinesen sich denn ihre Namen selbst aussuchen. War es ein Künstlername? Ein selbst gewählter Spitzname? Oder ließen die chinesischen Eltern ihre Kinder einfach unbenannt, bis sie alt genug waren, sich für einen passenden Namen zu entscheiden? Konnte das sein?

Damals wusste ich noch nicht, dass viele Chinesen sich westliche Namen geben, weil sie keine Lust haben, dass sich ihre langnasigen europäischen Freunde jedes Mal einen dreifachen Knoten in die Zunge machen, wenn sie versuchen, die chinesischen Namen richtig auszusprechen. Ich habe im Laufe der Jahre viel Seltsames gehört. Gegen «Ark», «Langsam», «Aluminium» oder gar «Satan» war «Jupiter» eine ziemlich gute Wahl. Manche übersetzen auch einfach ihre chinesischen Namen. Eine junge Dame hieß «Sommerregen», eine andere «kleiner Schnee». Ein Germanistikstudent hatte sich sogar den schönen Namen «Sven» ausgesucht. Um Verwechslungen zu vermeiden, taufte ich ihn kurzerhand in «Wilhelm» um. Das klingt ja auch gleich viel deutscher.

Später während der Fahrt versuchte Jupiter im Gegenzug herauszufinden, was ich über Schienenverkehr wusste. Er interessierte sich brennend für Technik. Eisenbahnen waren sein Spezialgebiet. Er hatte sich Prospekte aus Deutschland schicken lassen, die er mir aufgeregt zeigte. Er schwärmte von den technischen Details des ICE und von alten deutschen Lokomotiven, und am Ende wusste ich deutlich mehr über Schnellbahnen, als mir lieb war.

Nach zwei Stunden tauchten am Horizont die ersten schäbigen Hochhäuser von Tianjin auf. Ich hatte mich vor meiner Abreise etwas über die Kolonialgeschichte der Stadt informiert: Deutsche, Engländer, Franzosen und Italiener haben hier ihre Spuren hinterlassen. In einigen Reiseführern wird Tianjin sogar als das «Shanghai des Nordens» bezeichnet. Als unsere Limousine die Autobahn verließ, war davon nicht viel zu sehen. Tianjin war eine Baustelle. Die Luft war staubig, und während ich zum ersten Mal durch die vierspurigen Straßen fuhr und die scheinbar endlosen Reihen liebloser Wolkenkratzerplattenbauten an mir vorüberzogen, dachte ich nur eins: «Wie soll ich das hier aushalten?»

Unter «Shanghai des Nordens» hatte ich mir etwas anderes vorgestellt. Das Tianjin von damals steckte mitten in einer radikalen Phase des Baubooms und des ungezügelten Wachstums. Wenn man heute nach Tianjin hineinfährt, aus dem Hochgeschwindigkeitszug aussteigt, der den ICE aussehen lässt wie eine Dampflokomotive aus Jupiters Prospekten, und am Horizont wieder ein neuer, verglaster Wolkenkratzer schimmert, dann erkennt man die Parallelen zu Shanghai. Damals aber war Tianjin ein Wimmelbild mit Stahlskeletten.

Auch der Verkehr war sehr gewöhnungsbedürftig. Rote Ampeln hielten weder Autos noch Fußgänger davon ab, ihren Weg fortzusetzen. Es galt größtenteils das Recht des Stärkeren. Fußgänger rotteten sich zusammen, um dann gemeinsam eine Schneise in die Blechkolonnen zu schlagen. Und überall Fahrräder. Laut Katie Melua soll es in Beijing ja eine ganze Menge Fahrräder geben – neun Millionen hat sie gezählt –, aber gegen Tianjin ist Beijing wie die Fahrradtour des Tennisvereins meiner Eltern gegen die Tour de France. Ich kann mir kaum vorstellen, wie noch mehr Fahrräder in eine Stadt passen sollen.

Das Chaos wurde begleitet vom schrillen Quietschen der Fahrradbremsen und von einem kakophonischen Hupkonzert. Wie ein klebriger Brei wälzten sich Fahrräder, staubige Autos, Busse und Lastwagen durch die Straßen. Das sollte nun für die nächste Zeit mein Zuhause sein?

四

Das harte Brot der ersten Tage

4 Als ich in Tianjin ankam, hatte ich erst einmal Ferien. Um den 1. Mai machte das ganze Land eine Woche Kollektivurlaub. Die Formalitäten für das Visum, die Arbeitsgenehmigung, den Arbeitsvertrag der Universität und das vom chinesischen Staat verlangte Gesundheitszeugnis samt aktuellem HIV-Test hatten so lange gedauert, dass ich erst viel später als geplant und mitten im Semester den Job antreten konnte. Die Zeiten, in denen man einfach auf einen Frachter springen konnte, um die Welt zu entdecken, waren wohl vorbei. Wenn es etwas gibt, das die Chinesen und die Deutschen eint, dann ist es die hemmungslose Liebe zur Bürokratie. Eine Besonderheit des typisch chinesischen Formalitätenfetischismus ist der rote Stempel. Unbedingt rot muss er sein. Bis man einen bekommt, kann es dauern.

Die Uni war also geschlossen, und ich hatte viel Zeit, mich mit der neuen Umgebung zu beschäftigen. Die Tianjiner Nankai-Universität ist eine traditionsreiche Elite-Universität. Nicht so die Deutschabteilung. In China gibt es seit der Jahrtausendwende einen wahren Germanistik-Boom, und auch die Germanistik an der Nankai-Universität wurde erst im Jahr 2002 gegründet. Ich gehörte zu den ersten muttersprachlichen deutschen Lehrkräften in der langen und ruhmreichen Geschichte dieser Hochschule. Ganz allein war ich allerdings nicht. Der andere deutsche Dozent der Universität war Winfried Schwarzer, ein promovierter Philosoph aus Süddeutschland, der Literaturwissenschaft und Landeskunde unterrichtete. Er erzählte mir, dass er nach einer Phase der beruflichen Orientierung von der deutschen Arbeitsagentur auf diesen Posten vermittelt worden war, und manchmal hatte ich das Gefühl, dass er auch auf einer Bohrinsel im Südpazifik anheuern würde, wenn der Job nur genug Zeit für die Philosophie ließe. Für Land und Leute schien er sich eher am Rande zu interessieren. Als ich anfing, hatte er bereits genug von China gesehen und verließ den Campus nur noch sporadisch. Ich wollte vor allem eins: So schnell wie möglich runter von der Bohrinsel und so tief wie möglich ins chinesische Alltagsleben eintauchen.

Es gab eine Menge zu entdecken. Der Campus, der fast so groß war wie mein Heimatdorf, konnte entweder durch das östliche oder das westliche Tor betreten werden. Sobald man den Campus verließ, stand man im Gewimmel der Straßenhändler und Garküchen. Noch morgens um fünf gab es dort gegrillte Kriechtiere. Ich stellte ziemlich schnell fest, dass Weichknochen essbar sind und Seidenraupenlarven eigentlich ganz gut schmecken, wenn man es schafft, zu vergessen, dass es Seidenraupenlarven sind. An den stinkenden Tofu, der an vielen Straßenecken fritiert wurde, traute ich mich hingegen nicht näher als zehn Meter heran, denn auch in dieser Entfernung trieb der Geruch einem noch die

Tränen in die Augen. Als wäre es den Chinesen irgendwie gelungen, ein Extrakt aus getragenen Sportsocken herzustellen und mit dem Duft von glimmenden Tischtennisbällen zu verfeinern.

Bei den Straßenhändlern kaufte ich allen möglichen Unfug. Diese Stände waren wie ein Outlet-Store für Spielzeug, das Prenzlberger Mütter ihren Kindern aufgrund nicht unberechtigter Gesundheitsbedenken aus der Hand schlagen würden: aufziehbare Affen, die Saltos schlagen konnten; mit Netzen werfende Spiderman-Figuren; Streichhölzer, die nie abbrannten; elektrische Zigaretten, die es damals im Westen noch nicht gab. Ich kam mir vor wie Harry Potter bei seinem ersten Besuch in der Winkelgasse.

Nicht alle kulturellen Eigenheiten der Chinesen ließen sich auf Anhieb aufklären. Auch nicht vor dem Hintergrund antiker Bewässerungstechniken. Denn welchen Grund konnte es dafür geben, dass man sich den Nagel des rechten kleinen Fingers lang wachsen ließ, wie man es bei Taxifahrern des Öfteren sah? Warum trugen die Babys Hosen, die in der Mitte einfach offen waren, sodass man das Geschlecht sehen konnte? Warum gingen einige alte Menschen rückwärts durch den Park? Und warum bloß sperrten einige Herren zirpende Grillen in einen kleinen Holzkäfig und nahmen sie zum Essen mit ins Restaurant? Verwirrend.

Sehr irritierend aber waren auch die authentischen chinesischen Rotzgeräusche. Jedes Mal, wenn jemand erst grunzende Laute von sich gab, um danach ein glibberiges Etwas auf die Straße zu flatschen, wurde mir ganz anders. Am dritten Tag wurde diese ohnehin unschöne Erscheinung noch um einiges übertroffen. Wang Hui, der Dekan, hatte mich zum Schwimmtraining mitgenommen. Während wir im Becken unsere Bahnen zogen, schwamm eine ältere Frau neben mir. Plötzlich begann sie sich im wahrsten Sinne des Wortes lauthals zu räuspern. Anschließend rotzte sie direkt aus dem Wasser an den Beckenrand. Das war einerseits sehr widerlich. Andererseits erklärte es aber auch, warum niemand ohne Badelatschen herumlief oder gar am Beckenrand saß.

In der ersten Woche lag ich nachts viele Stunden wach. In der Ferne flackerte auf dem Dach eines Hochhauses die Leuchtreklame einer Lebensversicherung, und ich sehnte mich ein wenig nach den jauchegetränkten Feldern meiner Jugend. War das jetzt der berüchtigte Kulturschock, von dem man so viel hört?

Mit den chinesischen Kollegen verstand ich mich jedoch von Anfang an sehr gut. Ursprünglich hatte ich angenommen, der gemeine Chinese habe ein zurückhaltendes und scheues Wesen. Es zeigte sich schnell das Gegenteil. Ich stellte fest, dass Chinesen Arbeits- und Berufsleben kaum voneinander trennen und es ihnen dabei trotzdem gelingt, die meiste Zeit fröhlich zu sein. Der Dekan Wang Hui, ein junger Mann mit einer seltsamen rot gefärbten Struwwelfrisur, trällerte leise bei der Arbeit vor sich hin. Und wenn im Radio ein Lied gespielt wurde, das ihm gefiel, sang er lautstark mit. Die Chinesen, die ich kennenlernte, waren auf eine sympathische Weise – ich kann es nicht anders beschreiben – irgendwie rumpelig. Auch wenn sie durch ihre Kultur auf Bescheidenheit und Höflichkeit getrimmt waren, konnten sie nicht verbergen, dass ganz tief in ihnen ein Bedürfnis nach Lärm, Chaos, Unsinn und Theatralik schlummerte. Und machmal brach es hervor.

Gleich am zweiten Abend entdeckte ich das Ali Baba, eine Spelunke, über deren Tür nicht einmal ein Namensschild angebracht war. Und trotzdem war diese Bar mit dem abgewetzten Kickertisch zu einem der wichtigsten Versammlungsorte der Tianjiner Ausländer-Community geworden. Die Gäste waren Weltenbummler, Austauschstudenten, Wirtschaftsflüchtlinge und einige chinesische Mädchen, die sich ungewöhnlich aufreizend anzogen.

Das Ali Baba war ein sonderbarer Ort. Dort lernte ich auch eine afrikanische Austauschstudentin kennen. Sie stammte aus Äquatorialguinea, einem Land, in dem man Spanisch spricht, wie sie mir erzählte. Ich witterte die Gelegenheit, meine Spanischkenntnisse ein wenig aufzufrischen. Wenn ich schon kein Chinesisch verstand, wollte ich nicht auch noch die Reste meiner vorhandenen Fremdsprachenkenntnisse verlieren. Es dauerte etwas, bis ich verstand, was sie mir sagen wollte. Das lag wohl weniger an meinem eingerosteten Spanisch als an der Tatsache, dass man in Äquatorialguinea eine sonderbare Vorstellung von Smalltalk zu haben scheint. Sie sagte: «Oh, du kommst aus Deutschland? In meinem Land war auch einmal ein Deutscher. Er wollte sich aus der Haut schwarzer Frauen einen Mantel machen. Bist du schon lange in China? Gefällt dir Tianjin?» Wir unterhielten uns noch eine Weile, aber dann musste sie gehen, denn ihr Flug in die Heimat ging schon am nächsten Morgen. Ich hoffte aber, unsere kurze Unterhaltung hatte dazu beitragen können, ihr Deutschlandbild ein wenig zu modernisieren.

Chinesische Studenten traf man im Ali Baba kaum. Jupiter hatte mir erklärt, dass sie nur selten in Bars oder Clubs gehen. Wenn sie ausgehen, verbringen sie die Nächte in Karaoke-Bars oder mieten sich zu zweit ein Zimmer in einem Stundenhotel. Jupiter zeigte mir gleich am zweiten Tag sein Wohnheimzimmer. Die Studenten der Nankai-Universität wohnten zu acht in engen Schlafsälen, in denen die Etagenbetten dicht an dicht standen. Es war offensichtlich, dass das Quietschen metallischer Bettgestelle dort die Nachtruhe der Kommilitonen empfindlich stören würde. Wie ich später erfuhr, florierten daher in der Nähe der Universitätstore preisgünstige Stundenhotels, in denen junge Erwachsene zum ersten Mal in ihrem Leben ausprobierten, was man alles anstellen kann, wenn man zu zweit in einem Zimmer ist. Dingding sagte mir einmal, dass wir Deutschen sehr viel Glück haben, weil wir in Freilandhaltung aufgewachsen sind. Die meisten Chinesen kennen nur die Käfighaltung.

Auch die muttersprachlichen Dozenten der anderen Fremdsprachenfakultäten lernte ich in den ersten Tagen im Ali Baba kennen. Den größten Teil hatte ich schon im sogenannten Expertenheim gesehen, in dem wir untergebracht waren. Es war eine illustre Versammlung: Da war Etienne, der verrückte kommunistische Franzose. Sein Nachbar Steven, ein junger Engländer, hatte die Zeit seines Lebens und feierte eine wilde Party nach der anderen. Und dann war da noch Martha, die paranoide Italienerin, die in ihrem Zimmer Hektoliter Mineralwasser hortete, weil sie panische Angst vor einer Lebensmittelvergiftung und verschmutztem Trinkwasser hatte. Salatblätter befreite sie einzeln mit einem Papiertaschentuch von gefährlichem Restwasser. Weil Taschentücher in China parfümiert sind, führte das dazu, dass ihr Salat geschmacklich stark an Weichspüler erinnerte. Es war immer was los im Expertenheim.

Nur die amerikanischen Kollegen sah man so gut wie nie. Es gab ein pensioniertes Ehepaar aus dem Mittleren Westen, das sehr zurückgezogen lebte. Die beiden waren, wie viele amerikanische Englischlehrer in China, bekennende Mormonen. Mormonen sind wegen ihres missionarischen Fleißes eine feste Größe auf dem chinesischen Englischlehrer-Markt. Kaum eine Bildungseinrichtung im religions-feindlichen China störte sich daran, dass die alten Herr-schaften sich vorgenommen hatten, vor der finalen Begeg-nung mit dem Schöpfer zur Sicherheit lieber noch schnell ein paar ungläubige Asiaten zu bekehren. Sie arbeiteten gut, waren anspruchslos und überall herzlich willkommen.

Wenn wir Dozenten uns im Ali Baba trafen, schimpften wir gemeinsam auf die seltsamen Sitten der Chinesen. Wir hatten viel Gesprächsstoff. Ein Thema, das sich besonders gut eignete, um kulturelle Gräben durch einhellige Be-schimpfungen des Gastlandes zu überwinden, waren die Lebensbedingungen im sogenannten Expertenheim. Denn auch wenn man in den Genuss einer ganzen Reihe von An-nehmlichkeiten kam – der Room-Service bügelte sogar kostenlos die Hemden –, hatte die Sache mindestens einen Haken. Seine Privatsphäre musste man an der Rezeption ab-geben. Besucher, die über Nacht bleiben wollten, mussten angemeldet werden, und nach zweiundzwanzig Uhr waren Gäste generell untersagt. Offiziell hieß es, der Grund für diese Bevormundung sei, dass das Expertenheim nicht nur von Dozenten genutzt wurde, sondern gleichzeitig auch ein Hotel war. Außerdem sollte die Überwachung unserer eigenen Sicherheit dienen. Wir glaubten davon kein Wort. Weil die Volksrepublik nicht gerade als freiheitliche Gesell-schaftsform bekannt ist, war die Reaktion auf diese Form der Unterbringung allgemeines Misstrauen. Und auch die Sicherheit war durch das System nur unzureichend gewähr-leistet. Trotz der Überwachungskameras am Eingang und des dort postierten Wachmannes wurden in steter Regelmä-ßigkeit unsere Fahrräder gestohlen.

Am späten Abend kam man damals nur durch die Vor-halle des Expertenheims in seine eigene Wohnung. In dieser

Vorhalle schlief ein uniformierter Wachmann, der am Türgriff eine silberne Glocke befestigt hatte, die herunterfiel, wenn die Tür aufging. Er schreckte aber nur dann wirklich aus seinem Tiefschlaf hoch, wenn man sich sehr ungeschickt anstellte. Geübte Heimbewohner hatten ihre Tricks, mit denen sich die Tür nahezu geräuschlos öffnen ließ.

Ein anderes Zeichen für den sehr geringen Respekt unserem Privatleben gegenüber war das eigentümliche Benehmen der Hotelangestellten. Kam man früher als sonst nach Hause, saß manchmal eine Putzfrau auf dem Sofa im Wohnzimmer des Apartments, sah fern oder plauderte angeregt am Telefon. Wenn man sie daraufhin fassungslos anstarrte, sagte ihr Gesichtsausdruck ungefähr Folgendes:

«Ist schon gut. Ich geh ja gleich, fremder Mann. Und stell dich bloß nicht so an. Das hier ist China. Die Gemeinschaftstoilette in meinem Wohnblock hatte früher nicht mal Wände, also hab dich nicht so. Du bist ohnehin bald wieder in deinem wohlstandsverwahrlosten Heimatland. Und an dem Tag, an dem du genug Chinesisch sprichst, dass die Rezeption deine Beschwerde versteht, bin ich längst in Rente. Also mach halblang, Bleichgesicht!»

Es ist schwer zu sagen, wer die Hausregeln zu welchem Zweck erlassen hatte. Vielleicht dienten sie ja tatsächlich dem Schutz der Gäste. Vielleicht sollten sie aber auch verhindern, dass es Schürzenjägern wie dem strohblonden Steven auf der dritten Etage allzu einfach gemacht wurde. Jedes Mal, wenn eine Studentin ihn nachts besuchte, klingelte die silberne Glocke an der Lobbytür leise und unschuldig, als sie herunterfiel, und der Wachmann schlief den Schlaf der Gerechten.

Sehr schnell erfuhr ich, dass es in dem Apartmentkomplex zwei Figuren gab, die ausnahmslos keiner der Bewohner leiden konnte: Hitler und Mussolini, wie der verrückte Franzose sie getauft hatte. Hitler war eine etwa vierzigjährige Angestellte des Expertenheims, deren sinisteres Gesicht von zwei tiefschwarzen Augen und einem schimmernden Flaum um die Mundpartie dominiert wurde. Mussolini, ihr finsterer Kompagnon, war eine untersetzte Dame fortgeschrittenen Alters, deren dröhnendes Gebrüll immer wieder unvermittelt die Lobby erfüllte.

Unter dem strengen Regiment der beiden Ayis, der Tanten, wie man in China die älteren Damen in serviceorientierten Berufszweigen nennt, hatte besonders der arme Mafan zu leiden. Mafan war ein junger und sehr lebhafter Golden Retriever, den die Italienerin auf einem Wochenmarkt gekauft hatte. Mafan ist außerdem eines der Lieblingsworte aller Chinesischlernenden. Es bedeutet «nervig, anstrengend, stressig», und kaum jemand, der länger als ein Jahr in China gelebt hat, streut es nicht hin und wieder auch in den muttersprachlichen Redefluss ein. Hitler und Mussolini hassten Mafan und schikanierten den Hund, so gut sie konnten. Sie sahen sich dabei auch noch auf der Seite des Gesetzes. Die Hausordnung ließ keine Tiere zu, und sie glaubten, das gäbe ihnen die Recht, Mafan in eine Besenkammer zu sperren, wenn er die Abwesenheit der Italienerin mit ein wenig Gejaule überbrückte. Vielleicht ist es ganz gut, wenn es auch in fremden Kulturen einige Menschen gibt, die man ohne schlechtes Gewissen verabscheuen darf. Dadurch kann man vieles kompensieren. Die beiden Ayis standen für alles Ablehnenswerte in diesem andersartigen Land. Und weil sie so uneingeschränkt schrecklich waren, musste man nicht einmal ein schlechtes Gewissen haben.

Auch Tianjin selbst hatte einiges zu bieten, an dem man sich kulturell reiben konnte. Damals fand gerade die Fußballweltmeisterschaft statt, die trotz meiner Abwesenheit in Deutschland ausgerichtet wurde. An zahlreichen Promo-Ständen in den Tianjiner Einkaufszentren standen Goleo und Pille und erinnerten mich freundlich winkend daran, dass ich das Megaevent in meiner Heimat verpasste. Weil die Manager der Einkaufszentren keine Lust hatten, unnötige Lizenzgebühren zu entrichten, war es nie der deutsche Marken-Goleo, der mir in den Ladenpassagen begegnete, sondern ein chinesischer Verwandter. Viele dieser zotteligen Wesen mit dem zerknautschten Ball in der Hand erinnerten an Samson aus der Sesamstraße, andere sahen auch aus wie Chubaka. Und manche wollte man am liebsten mit nach Hause nehmen und gesund pflegen, so zerzaust und schmuddelig hatten sie die Fälscherwerkstatt verlassen.

Die Chinesen haben es bei der WM wieder nicht über die Vorrunde hinaus geschafft. Weil der chinesische Fußball so mies ist, dass selbst der nationalistischste Chinese keine guten Worte für die als Nationalmannschaft getarnte Gurkentruppe findet, kann er kaum noch mit Unterstützung aus dem eigenen Land rechnen. Wenn man Chinesen zum Lachen bringen möchte, muss man nur ihre Nationalmannschaft loben. «Ihr wart echt gut letzte Woche bei dem Heimspiel gegen Katar. Das 0:2 war unverdient, und bei vielen Spielzügen blitzte die individuelle Klasse auf.» Als ich das zu einem Taxifahrer sagte, fuhr er vor Lachen beinahe gegen eine Straßenlaterne. Der Patriotismus, der die Chinesen unter anderem dazu veranlasst, immer von «uns Chinesen» zu sprechen, sobald es um ihre Nation geht, gilt für die Nationalmannschaft offensichtlich nicht.

Die Schwäche des eigenen Teams hält die Chinesen allerdings nicht davon ab, fanatisch dem Weltfußball zu folgen. Ältere Taxifahrer und Gemüsehändler können sich oft noch an die schönsten Tore von Beckenbauer, Rummenigge oder Matthäus erinnern und wissen, in welchem Spiel und in welcher Minute sie gefallen sind. Auch Jupiter interessierte sich brennend für Fußball und die deutsche Mannschaft. Er konnte sämtliche Stadien nennen, in denen die WM stattfand, und zwar mit Anzahl der Sitzplätze. Als ich dummerweise versuchte, ihm dabei zu helfen, und das «Weserstadion» anführte, wies er mich höflich auf meinen Irrtum hin. «Der Weserstadium ist nicht dabei», sagte er.

«Ach ja, stimmt. Wie recht du hast. Das Weserstadion, wie es korrekt heißt, ist natürlich nicht dabei», sagte ich.

«Verdammter Nerd», dachte ich.

Jupiter schien sich irgendwie für mich verantwortlich zu fühlen. Vielleicht war es nur ein Zufall, dass er auch bei der Geschichte im Supermarkt zugegen war. Vielleicht war er mir aber auch gefolgt. Die Italienerin aus dem Expertenheim hatte sich plötzlich sehr stark erkältet und mich gebeten, ihr aus dem Supermarkt am Westtor Zitronen, ein Glas Honig und zehn Liter Mineralwasser zu besorgen. Sie wollte sich heiße Zitrone machen und hatte außerdem panische Angst, dass ihre gigantischen Mineralwasservorräte zur Neige gehen könnten.

Wie ich bald feststellte, geht es in chinesischen Supermärkten ein wenig anders zu als in deutschen. Die Kassiererinnen arbeiten im Stehen, und es gibt weder ein Förderband noch diese praktischen Warentrennstäbe, um seinen Einkauf zu umzäunen. Man kippt seine Sachen einfach vor der Kasse aus und wartet geduldig, bis die Kassiererin Ordnung in das Chaos gebracht hat. Es gibt ganze Regalreihen mit seltsamen Dingen, die man nur schwer zuordnen kann: haufenweise Seetang, getrocknetes Durcheinander und anderes undefinierbares Zeug. Außerdem wird man ständig angeschrien. An den Regalen stehen Verkäuferinnen und brüllen, dass die Zahnpasta reduziert oder die Kartoffeln diese Woche besonders frisch sind. Gleich am Eingang stehen adrett gekleidete junge Damen bereit, teils mit Megaphon bewaffnet, um einem lautstark mitzuteilen, dass man überaus herzlich in diesem Supermarkt willkommen ist. Sie rufen: «Huan Ying, Guang lin!», was so viel heißt wie: «Dein Licht wird unser bescheidenes Heim erleuchten.» Sehr nett, aber muss das denn so laut sein? Zusammen mit den drei verschiedenen Fahrstuhlmelodien, die im Hintergrund dudeln, ergibt das eine Geräuschkulisse, bei der man kaum noch seine eigenen Gedanken versteht.

Trotz dieses Lärmpegels hatte ich Wasser und Zitronen schnell entdeckt. Die Zitronen waren leicht zu finden, denn sie waren gelb und befanden sich genau wie bei Famila in Trittau und jedem anderen Supermarkt der Galaxis in der Obst- und Gemüseabteilung. Das Mineralwasser stand wenig überraschend in der Getränkeabteilung. Honig jedoch konnte ich beim besten Willen nirgends entdecken. Zu welcher einzelhandelstheoretischen Verkaufskategorie Honig gehört, wird nach kulturdifferenten Kriterien entschieden.

Ich könnte ja eine Verkäuferin fragen. Vielleicht eine, die nicht so viel herumschreit, dachte ich. Dumm nur, dass Wörterbuch und Point-it zu Hause lagen.

Das Point-it-Buch hatte ich kurz vor der Abreise am Hamburger Flughafen entdeckt. Es gab darin zu jedem Lebensbereich zahlreiche Abbildungen, damit man sich überall auf der Welt verständlich machen konnte. Das Kapitel über landwirtschaftliche Geräte gefiel mir besonders gut. Falls man mal in einem fremden Land unterwegs ist und dringend eine Sense oder einen Mähdrescher benötigt – mit diesem Buch wird einem geholfen.

Ach, das wird sich schon irgendwie erklären lassen, dachte ich. Vielleicht kann ja hier auch jemand Englisch.

Damals wusste ich noch nicht, dass gerade bei älteren Chinesen selbst die einfachsten englischen Begriffe bestenfalls ein hochfrequentes Kopfschütteln hervorrufen. Eine freundliche ältere Dame, die gerade damit beschäftigt war, Seetangkauplättchen in einem Regal zu stapeln, schien mir die geeignete Ansprechpartnerin.

«Excuse me, do you know where the honey is?», fragte ich, und sie sah mich an, als wäre ich eine besonders kuriose Art von außerirdischem Leben.

«Honey?», wiederholte ich in der Hoffnung, dass sie vielleicht einige einfache Worte verstand.

Sie lächelte unsicher und schüttelte den Kopf, als wolle sie sagen, dass sie gern helfen würde, wenn sie mich doch nur verstehen könnte. Ihre Augen blickten hilfesuchend umher. Dann ging sie einen Schritt zur Seite. Ich zuckte zusammen. Sie begann plötzlich, lauthals loszubrüllen: den Namen einer Kollegin, die, wie ich vermutete, dafür bekannt war, «Ausländisch» zu sprechen. Kurz darauf erschien diese Kollegin, gab mir die Hand und begrüßte mich:

«Welcome to our shop», sagte sie und lächelte.

Das machte mir Hoffnung,

«Honey!», sagte ich.

Daraufhin nahm die Verkäuferin erneut meine Hand, schüttelte sie noch einmal kräftig und wiederholte, von einem ruckartigen Kopfnicken begleitet: «Honey, Honey.»

Die andere Verkäuferin war sichtlich beeindruckt von so viel Weltgewandtheit seitens ihrer Kollegin.

Eine weitere Verkäuferin gesellte sich hinzu und sah mich wortlos an. Etwas später erschien eine vierte Verkäuferin. Auch sie wusste nicht, was die seltsamen Klänge aus dem fremden Mund zu bedeuten hatten. Und auch als eine fünfte und eine sechste Dame dazustießen, die mich gebannt anstarrten, änderte sich an den grundlegenden Eckdaten unserer Kommunikationssituation gar nichts. Mir wurde langsam klar, dass ich so nicht weiterkam.

So schwer kann das doch nicht sein, dachte ich. Kommunikation findet zu siebzig Prozent nonverbal statt. Mindestens. Und wer eine Sprache nicht beherrscht, der sollte ein guter Pantomime sein. «Ich suche Honig» wird man doch wohl ohne Worte vermitteln können!

Ich machte eine suchende Handbewegung wie ein Schiffsjunge auf dem Mast, der das Meer nach Riffen und Piraten absucht. Das schien ganz gut anzukommen. Dann wurde es etwas knifflig. Ich streckte meine Arme auf Schulterhöhe zur Seite aus, schlug damit und summte ein wenig. Dabei tänzelte ich um das Sojasoßenregal.

Die Verkäuferinnen-Gang blieb zunächst ruhig. Interessiert sah man mir zu. Ich brummte eine Weile durch den Laden, dann blieb ich stehen. Die Frau mit den vermeintlichen Fremdsprachenkenntnissen schien sich das Gesehene noch einmal vergegenwärtigen zu wollen und versuchte, meine Performance zu imitieren. Sie war dabei aber ebenso wenig detailgetreu wie in ihrer Tätigkeit als Dolmetscherin. Ihre Arme spreizte sie nicht zur Seite ab, sondern nach vorn und vollzog damit eine Bewegung wie der Papst, der die Massen segnete. Auch mit dem Summen nahm sie es nicht so genau. Sie zischte wie eine Schlange. Ich hielt diese Neuinterpretation für wenig hilfreich.

«Nein. Nein. Hören Sie auf damit! Was soll denn der Unsinn?», rief ich und summte weiter ums Regal.

Die Frauen begannen lautstark zu diskutieren. Nachdem sie die Beratung abgeschlossen hatten, schickte man eine ältere Verkäuferin als Verhandlungsführerin vor. Sie schien mich tatsächlich verstanden zu haben und bedeutete mir unmissverständlich mitzukommen. Dann blieb sie vor dem Regal mit dem Mückenspray stehen und sah mich erwartungsvoll an. Sie war sichtlich enttäuscht, als ich das angebotene Mückenspray trotz einer eindrucksvollen Vorführung seiner Wirkungsweise – Hustenanfall inklusive – zurückwies. Auch die mittlerweile etwa zwanzig Verkäuferinnen, die uns gefolgt waren, senkten den Kopf und machten lange Gesichter.

Noch gab ich nicht auf. Ich war nicht ganz sicher, ob die Darstellung eines honigliebenden Bären hier weiterhelfen würde, aber einen Versuch war es wert. Ich brummte ein wenig, nahm ein imaginäres Honigglas, steckte einen Finger hinein, schleckte ihn ab und streichelte zufrieden meinen Bauch. Die Schar der Verkäuferinnen zog sich zur Beratung zurück und brachte mir nacheinander ein Pflaster, weil man vermutete, ich habe mir pantomimisch den Finger verletzt, einen Lippenbalsam, weil man dachte, ich wolle auf meine spröden Lippen aufmerksam machen, einen lebenden Aal und eine Tüte Wäscheklammern, weiß der Himmel, warum.

Das war's. Ich setzte mich auf einen Stapel umgefallener Reissäcke und vergrub mein Gesicht in den Händen. Nicht einmal ein Glas Honig konnte ich in diesem verdammten Land kaufen. Wo war ich hier nur gelandet? Aber als ich so dasaß und mich ganz und gar meinem Kulturschock hingeben wollte, tippte mir jemand auf die Schulter.

«Der mit Supermarkt-Verkäuferinnen tanzt.»

«Wie bitte?», fragte ich und sah auf.

«Ich habe Ihnen zugesehen. Sehr schön. Keine Wolf, aber viele Frauen. Ist auch wunderbar.»

Jupiter stand grinsend vor mir.

«Sie haben eine schöne Vogel getanzt. Aber ich nicht verstanden, warum so?», er flatterte mit den Flügeln. «Ist das deutscher Sitte? Das habe ich noch nicht gewusst.»

«Nein», sagte ich. «Das ist keine Sitte in Deutschland, und das ist auch kein Vogel. Das ist ja wohl eindeutig eine Biene. Ich suche Honig.»

«Ach, so ist das. Honig steht da drüben. Warte Sie, ich hole Ihnen einen Glas.»

Einen Tag später kam es zu einer anderen Szene in einer chinesischen Bäckerei – wenn man das denn so nennen kann. Die Geschäfte, in denen man in Tianjin Brot und Kuchen kaufen konnte, hatten einen entscheidenden Nachteil. Das Zeug, das die Chinesen «Mianbao» und «Dangao», also Brot und Kuchen, nannten, war gleichermaßen ungenießbar und für westliche Zungen eigentlich nur unter örtlicher Betäubung sämtlicher Geschmacksnerven zu ertragen. Dem, was Deutsche unter Brot verstehen, ähnelte allein und auch nur entfernt eine Art Toast aus Milch, Mehl und Zucker, das mit einem kopfschmerzverursachenden Aromastoff kontaminiert war. Auch dieses Zeug durfte man als Deutscher – ebenso wie Hitler und Mussolini – bedenkenlos von ganzem Herzen verabscheuen.

Etwas später aber fand ich besagte «Bäckerei». Über der Verkaufstheke standen Körbe, aus denen Baguette, Mehrkornbrot und Brezeln verlockend hervorlugten. Ich hielt dieses Bild zunächst für eine Fata Morgana, einen Streich, den mir mein von süßem Toastbrot verklebtes Unterbewusstsein spielte. Die letzten drei Tage hatte ich unter anderem damit verbracht, Brot zu finden, das nicht nach Plastikkleber roch. Aufgeregt zeigte ich auf die Auslage und gab der Verkäuferin zu verstehen, dass ich davon wirklich sehr, sehr gern etwas hätte. Sie reagierte nicht. Ich wollte nicht schon wieder ein Drama wie im Supermarkt aufführen. Weil sich das Objekt meiner Begierde aber direkt vor meiner Nase befand, wurde ich etwas unwirsch. Die Verkäuferin wollte das Brot einfach nicht herausgeben, obwohl ich immer wieder darauf zeigte. Es folgte eine wortlose, aber heftige Diskussion. An deren Ende holte die junge Frau dann doch noch ein Baguette aus dem Korb und schlug mir damit etwas unsanft auf den Kopf.

Ich glaube, es gab dafür gleich mehrere Gründe. Einer war aber sicherlich, dass sie mir unmissverständlich klarmachen wollte, dass es sich dabei um eine recht gelungene, aber dennoch ungenießbare Hartplastiknachbildung einer westlichen Brotspezialität handelte, die dekorative Zwecke erfüllte und die sie mir auf keinen Fall verkaufen würde, auch wenn ich noch so lange herumpöbelte und mit den Füßen aufstampfte. Ich hatte verstanden.

五

Mit der Acht geschlagen

5 Die Ferienwoche ging langsam zu Ende, und ich wollte die wichtigsten Dinge erledigen, bevor die Seminare begannen. Ich beschloss, mich um eine chinesische SIM-Karte und ein neues Handy zu kümmern. Mein altes Nokia ließ sich nur noch einschalten, wenn man es vorher kräftig durchschüttelte.

Ich fragte Winfried Schwarzer, den anderen deutschen Dozenten. Er besaß zwar ein Handy, hatte aber gegen jede Art von modernen Kommunikationsmitteln eine starke Abneigung. Trotzdem schickte er mich zu einem nahe gelegenen Computermarkt an der Seidenwasserstraße, wo die Studenten raubkopierte Computerspiele kauften. Dort wurden auch Handys und SIM-Karten gehandelt. Meine Erlebnisse im Supermarkt und in der «Bäckerei» sagten mir, dass es vielleicht besser wäre, wenn ich dieses Mal einen Einheimischen an meiner Seite hätte. Also rief ich vom Festnetztelefon in meinem Apartment den Dekan an.

«Hallo, Wang Hui. Ich bin's. Ich brauche Hilfe. Kannst du vielleicht jemanden organisieren, der mit mir ein Handy kauft?»

Wang Hui hatte sich den deutschen Namen «Adam» ausgesucht. Aber ich weigerte mich, ihn so zu nennen, weil ich ihn mir mit seinen wuscheligen, rot gefärbten Haaren beim besten Willen nicht neben der nackten Eva im Paradies vorstellen konnte. Ich ja war durchaus bereit, mich auf die kulturell bedingten Besonderheiten der Chinesen einzulassen, aber in diesem Fall wäre dafür eine partielle Lobotomie nötig gewesen, und da ist auch bei mir irgendwann Schluss.

«Wer ist denn da?», fragte der Chinese mit der Pumucklfrisur am anderen Ende der Leitung.

«Na, ich.»

«Ach, du. Welcher Deutsche sollte mich denn auch sonst anrufen. Herr Doktor Schwarzer telefoniert ja nicht gern. Du hast nichts gegen Telefone, oder?»

Wang Hui hatte zwar vier Jahre in Deutschland studiert, und sein Akzent war nahezu unmerklich – er spielte ein wenig ins Badische –, aber einige Deutsche kamen ihm immer noch sehr rätselhaft vor.

«Nein. Deswegen rufe ich dich ja an. Ich habe nichts gegen Telefone. Mein Handy ist kaputt.»

«Aha.»

«Ich brauche jemanden, der mir hilft, ein neues Handy zu kaufen. Und eine SIM-Karte habe ich auch nicht», ließ ich ihn wissen.

«Das ist kein Problem. Ich schicke dir Jupiter vorbei.»

Die Vorstellung, den Nachmittag mit Jupiter zu verbringen, versetzte mich nicht gerade in Begeisterung. Jupiter besuchte mich vom ersten Tag an jeden Abend, um sich nach meinem Befinden zu erkundigen und um herauszufinden, ob ich nicht vielleicht irgendetwas von dem, was ich über den europäischen Schienenverkehr wusste, verheimlicht hatte.

«Jupiter hat sich schon so intensiv um mich gekümmert. Du kannst ihn nicht auch noch damit beauftragen», sagte ich und hoffte, er würde mir vielleicht jemand anderen schicken.

«Ach, er macht es gern. Ich sage ihm gleich Bescheid.»

«Was ist denn mit den anderen Studenten?», fragte ich.

«Es sind Ferien. Viele sind zu ihren Eltern nach Hause gefahren. Moment. Warte mal, die Klassensprecherin des Abschlussjahrgangs ist auch aus Tianjin. Wenn dir Jupiter mit seinen Eisenbahnen auf die Nerven geht, kann ich sie fragen.»

Ich war mir nicht ganz sicher, ob Wang Hui sich vorgenommen hatte, mit seiner konsequent direkten Art besonders deutsch zu wirken – Chinesen sind ja eigentlich eher für ihre codierte Kommunikation bekannt –, oder ob es seine Form von Humor war.

«Ja, vielleicht ist das besser. Denn um ehrlich zu sein, habe ich tatsächlich kein besonderes Interesse an Eisenbahnen», sagte ich, weil ich ihn mit seiner Ehrlichkeit nicht ganz so allein lassen wollte.

Um fünfzehn Uhr klingelte das Telefon in meinem Apartment, und eine unfreundliche Stimme ließ mich in gebrochenem Englisch wissen, dass in der Lobby jemand auf mich wartete. Als ich runterkam, sahen Hitler und Mussolini mich misstrauisch an. Den beiden schien es gar nicht zu gefallen, dass ich mich mit einer Studentin traf. Allerdings war in der Lobby gar keine Studentin zu sehen. Mussolini deutete auf die Tür. Ich ging hinaus und sah, dass auf dem Platz vor dem Expertenheim eine Studentin wartete. Sie lehnte an einem der steinernen Löwen, die die Eingangstür bewachten. Die kleine, zierliche, aber ganz und gar nicht zerbrechlich wirkende junge Frau stand in der Sonne und tippte gedankenversunken auf ihrem Handy herum. Sie trug ein klassisches chinesisches Kleid mit Stehkragen, das in krassem Kontrast zu den klobigen Armeestiefeln an ihren Füßen stand. Auf dem Kopf hatte sie eine mit indischen Stickereien verzierte Mütze. Alles in allem war das eine sehr gewagte Mischung.

«Ni hao!», sagte ich. Jupiter hatte mir ein paar Worte Chinesisch beigebracht, und ich fand, dass es eine gute Gelegenheit war, sie anzuwenden. «Ni» heißt «du», und «hao» heißt «gut». Zusammen ergibt das dann «Du gut» und bedeutet so viel wie «Guten Tag».

Die Studentin sah mich an.

«Wo bu hao!», sagte sie. «Ich nicht gut!», aber an ihrem Gesichtsausdruck war unschwer abzulesen, dass das ein Scherz sein sollte.

«Dein Chinesisch ist sehr gut», fügte sie hinzu.

«Danke», sagte ich und freute mich, obwohl ich sehr wohl wusste, dass Chinesen dieses leere Kompliment niemals überspringen, auch wenn man noch so schlecht Chinesisch spricht. Doktor Schwarzer hatte sich schon bei mir darüber beklagt. Auch seine Sprachkenntnisse wurden wieder und wieder gepriesen, und das, obwohl er es konsequent vermieden hatte, sich mehr als nur einzelne Brocken Chinesisch anzueignen. Außer «danke» und «guten Tag» kannte er noch das Wort «Zhege». Das bedeutet «das da», und Schwarzer verwendete es vor allem beim Einkaufen. Bei den Studenten hatte er deswegen sogar den Spitznamen «Budong». «Budong» bedeutet «Ich verstehe nicht», und es war eine weitere Vokabel aus Schwarzers begrenztem Wortschatz. Wenn

«Budong» beim Einkaufen auf das Obst zeigte und «Zhege» sagte, dann lobte die Verkäuferin sein Chinesisch, was er dann wiederum nicht verstand. «Budong», lautete seine Antwort.

In einem Reiseführer hatte ich gelesen, dass Chinesen durch die vielen Komplimente ihre Bescheidenheit ausdrücken und ihrem Gegenüber Respekt zollen wollen. Das hat eine lange Tradition, die sowohl im Taoismus als auch im konfuzianischen Buch der Riten begründet ist. Dort steht auch der Satz: «Erniedrige dich selbst und zeige den anderen gegenüber Respekt.»

«Nali, nali», sagte ich zu der Studentin mit den Armeestiefeln, weil im Reiseführer stand, dass man damit auf Komplimente antworten kann, um sich sprachlich in den Staub zu werfen. Unterstützend verbeugte ich mich ein wenig. «Nali, nali» ist altertümliches Chinesisch und bedeutete «woher, woher». Man kann auch «Ma ma hu hu» sagen, das erfüllt den gleichen Zweck und wird noch häufiger von Langnasen benutzt, weil die wörtliche Übersetzung lustigerweise «Pferd, Pferd, Tiger, Tiger» lautet.

«Ich heiße Anja, Anja Wu.» Sie lächelte.

«Dein Deutsch ist aber auch exzellent. Ich bin Sven.»

Was die können, kann ich schon lange, dachte ich, und außerdem war das nicht einmal gelogen. Dann streckte ich ihr meine Hand entgegen. Ich war mir nicht ganz sicher, ob das den chinesischen Sitten entsprach, aber die Frage erübrigte sich ziemlich schnell. Die Frau, die sich Anja nannte, schnappte meine Hand und schüttelte sie kräftig. Dann lächelte sie nicht mehr, sie lachte. Nicht nur ein bisschen. Sie ließ meine Hand los und schüttelte sich vor Lachen.

«Was ist das denn? Wo hast du denn das gekauft?»

Ich war mir nicht ganz sicher, was sie meinte.

«Das T-Shirt. Wo hast du das her?»

Ich sah an mir herunter.

«Mein T-Shirt? Was ist denn damit? Das habe ich gestern gekauft.»

Ich hatte das Shirt in einem Laden in der Nähe des Osttores entdeckt. Es hatte mir irgendwie gefallen. Darauf waren eine Art Rotes-Kreuz-Symbol und einige Schriftzeichen, die ich natürlich nicht entziffern konnte. Sie sahen einfach cool aus.

«Du bist ein traditioneller Arzt und kannst die Kuhblasenkrankheit heilen?», fragte sie, und ich ging davon aus, dass genau das auf meinem T-Shirt stand.

«Die Kuhblasenkrankheit?».

«Ja, die Kuh blasen. Das T-Shirt ist lustig», freute sie sich.

«Was soll denn das heißen?»

«Es wird Zeit, dass du ein wenig Chinesisch lernst. Wir sagen zu Angebern, dass sie die Kuh blasen. Der Satz auf deinem T-Shirt bedeutet, dass du jeden Angeber mit Leichtigkeit entlarvst.»

«Warte mal eben. Ich ziehe mich kurz um.» Ich hatte nicht vor, mich schon vor Unterrichtsbeginn zum Idioten zu machen.

«Lass es ruhig an. Das ist sehr lustig», sagte Anja.

Ich hatte bis dato kaum Erfahrung mit chinesischem Humor, aber ich fand, dass ein Dozent an einer Universität lieber nicht mit einem T-Shirt über den Campus laufen sollte, auf dem steht «Ich bin ein traditioneller Arzt und kann die Kuhblasenkrankheit heilen». Nachdem ich mich also umgezogen hatte, machten wir uns zu Fuß auf den Weg zum Computermarkt an der Seidenwasserstraße.

Wir gingen an baufälligen Hütten, gläsernen Hochhäusern und postsozialistischen Plattenbauten vorbei und unterhielten uns über Deutschland, die Uni und Anjas Germanistikstudium. Sie kannte Deutschland, weil sie einmal eine Reisegruppe als Übersetzerin begleitet hatte. Sie waren in Rostock, Dresden und Berlin gewesen. Berlin habe ihr am besten gefallen, sagte sie, auch wenn die Berliner alle so unfreundlich seien und den ganzen Tag mit einem «Stinkegesicht» durch die Gegend liefen. Dann erkundigte sie sich, ob ich mich in den letzten Tagen schon ein wenig eingelebt hätte.

«Ich kann nicht klagen», sagte ich. «Nur das mit dem Handy ist eine dumme Sache. Gerade jetzt muss es kaputtgehen.»

«Ärger dich nicht», sagte sie. «Wir Chinesen ärgern uns nie über so etwas. Darum sind wir auch immer so gut gelaunt. Es hat doch gar keinen Sinn, sich aufzuregen. ‹Sai Weng Shi Ma› – ‹Der Mann verliert sein Pferd›.»

Diese Sache mit dem Pferd und dem Mann war ein sogenanntes «Chengyu», erklärte mir Anja. Eine in vier Schriftzeichen komprimierte Weisheit, mit der die Chinesen die chaotische Welt, in der sie leben, gedanklich ein wenig ordnen und mit einem tieferen Sinn versehen. «Sai Weng Shi Ma» war laut Anja unter anderem der Grund dafür, dass die Chinesen so selten mit dem typischen Berliner «Stinkegesicht» durch die Gegend liefen. Die dazugehörige Geschichte geht so:

Nahe der Grenze zu den Barbaren lebte ein Edelmann. Eines Tages lief sein geliebtes Pferd davon und ward nicht mehr gesehen. Die anderen Dorfbewohner bedauerten den Mann. «Och Mensch, das schöne Pferd.» Sein weiser Vater aber sagte: «Wer weiß, ob das nicht doch eine gute Sache ist.» Und tatsächlich: Nach einer Weile kam das Pferd zurück, und neben ihm trabten fünf edle Pferde der Barbaren. Die Leute beglückwünschten den Mann, aber der clevere Vater sagte: «Wartet doch erst einmal ab. Wer weiß, ob das nicht doch eine schlechte Sache ist.» Etwas später fiel der Edelmann von einem seiner neuen Pferde und brach sich dabei ein Bein. Und wieder bedauerten ihn die Dorfbanausen. Nicht so sein Vater: «Das muss nicht unbedingt eine schlechte Sache sein. Es kann noch alles Mögliche geschehen.» Kurz darauf kam es zum Krieg mit den Barbaren, und alle Söhne des Dorfes zogen in die Schlacht. Allein der humpelnde Edelmann konnte wegen seiner Verletzung nicht reiten und blieb zu Hause. Nur wenige Krieger kehrten heim, und der Vater sagte: «Seht ihr, ein Unglück kann die Ursache für das Glück sein, und das Glück kann ins Verderben führen. Niemand kann es vorher wissen.»

«Weise gesprochen», sagte ich, als Anja am Ende der Geschichte angelangt war. «Dann kann ich ja davon ausgehen, dass sich aus meinem kaputten Handy irgendwann doch einmal etwas Gutes entwickeln wird. Das Stinkegesicht spare ich mir auf, falls mal was Erfreuliches passiert. So ist das doch gemeint, oder?»

«Falsch, Herr Lehrer», sagte sie, «du kannst schon jetzt zufrieden sein. Du hast ein altes Handy verloren, aber dafür hast du eine schöne Frau gefunden, die mit dir ein neues kauft. Mehr gibt es erst einmal nicht.»

«Nun aber bitte nicht so unbescheiden», entgegnete ich. «Oder hast du vergessen, dass ich der traditionelle Arzt bin, der die Kuhblasenkrankheit heilen kann? Und so viel Ähnlichkeit mit einem barbarischen Pferd hast du auch wieder nicht.»

«So? Die mongolischen Wildpferde sind edel und temperamentvoll. Vergiss nicht, jede dunkle Wolke hat einen silbernen Rand», sagte die junge Frau mit den Springerstiefeln.

Weil wir aber just in diesem Moment vor dem Eingang der Seidenwasserstraße standen, konnte ich sie nicht mehr fragen, was sie damit meinte.

Der Computermarkt war ein dreistöckiges Gebäude. Auf jeder Etage waren Stände aufgebaut, an denen Verkäufer und Kunden lautstark um die Preise feilschten. Im Erdgeschoss gab es Computer, Drucker, Monitore und Gerümpel. In der ersten Etage wurden Stereoanlagen, Lautsprecher und MP3-Player verkauft, raubkopierte Computerspiele lagen auf dem Fußboden ausgebreitet. In der zweiten Etage war die Mobilfunkabteilung. Wir fanden ziemlich schnell einen Stand, an dem es SIM-Karten gab, aber nach einem kurzen und heftigen Gespräch entschied Anja, dass der Verkäufer ein «verlogener Betrüger» war, ein «Blödei» und eine «Dummgurke», wie sie sich ausdrückte. Auch mit den SIM-Karten am zweiten Stand musste etwas nicht in Ordnung sein, denn sie wechselte sich mit dem Verkäufer darin ab, auf einem sprechenden Taschenrechner herumzuhacken. Damit wurde an diesem und an vielen anderen Ständen der jeweilige Rabatt errechnet. Anschließend verließ sie unter wüsten Beschimpfungen des Verkäufers auch diesen Stand. Erst am dritten Stand wurde man sich einig.

«Die Karte kostet zweihundert Kuai. Und die Gesprächsminuten zwei Kuai. Ist das okay?», fragte sie.

«Du wirst das schon gut verhandelt haben.»

Zumindest schimpfte sie nicht mehr.

«Jetzt musst du dir nur noch eine Nummer aussuchen.»

Auf einer handgeschriebenen Liste an der Wand hinter dem Verkäufer standen einige Telefonnummern. Viele davon waren bereits durchgestrichen. Weil mir die Nummer ziemlich egal war, zeigte ich wahllos auf irgendeine.

Anja und der Verkäufer diskutierten daraufhin und kamen schließlich zu einem für mich etwas überraschenden Ergebnis.

«Die kannst du nicht nehmen», sagte sie.

«Aber ich sollte mir doch eine aussuchen. Warum, bitte, kann ich die nicht nehmen?»

Ich hatte langsam das Gefühl, dass Hitler und Mussolini als Blitzableiter für kulturgeschockte Langnasen auf Dauer nicht ausreichten.

«Nimm einfach eine andere», sagte Anja, obwohl der Verkäufer aussah, als wäre er mit meiner Wahl sehr zufrieden.

«Aber warum denn? Diese gefällt mir.»

Ich wurde jetzt ein wenig trotzig.

«Das würde ich lieber nicht tun.» Während sie das sagte, zog sie eine Augenbraue hoch.

«So? Und wenn doch?», wollte ich wissen.

«Dann hoffe ich, dass du genug Geld dabeihast. Die Nummer kostet fünftausend Kuai.»

«Wie bitte?»

«Du hast die teuerste ausgesucht.»

«Fünftausend Kuai? Das sind fünfhundert Euro. Warum, um Himmels willen, ist die Nummer denn so teuer?»

«Sie hat vier Achten. Die Acht ist die chinesische Glückszahl und bedeutet ‹reich werden.›»

«Und deswegen kostet sie fünfhundert Euro? Was für ein Unfug! Das sollte besser ‹arm werden› heißen.»

Ich hatte irgendwo etwas darüber gelesen, dass viele Chinesen sehr abergläubisch sind, dass man keine Uhren verschenken sollte, weil das Pech bringt, und dass Rot die Glücksfarbe ist. Aber dass eine Telefonnummer so viel kosten sollte, wie ich an der Nankai-Universität in einem ganzen Monat verdiente, erschien mir vollkommen absurd.

«Das ist doch noch gar nichts. Eine Telefonnummer mit

acht Achten kostet in Tianjin zweihunderttausend Kuai. Und in Shanghai kostet sie so viel wie eine Villa», klärte Anja mich auf.

Ich hatte eigentlich nicht vor, ins chinesische Telefonnummern-Business einzusteigen, und zeigte auf eine andere.

«Und was kostet diese Nummer hier?»

Der Verkäufer tippte etwas in seine sprechende Rechenmaschine.

«Hundert Kuai», übersetzte Anja die knarzende Stimme des Taschenrechners.

«Und diese?»

Der Taschenrechner blieb gespensterhaft stumm.

«Die ist umsonst. Die hat zwei Vieren. Vier bedeutet Tod.»

«Vier ist meine Lieblingszahl. Die nehme ich.»

Ich bin überhaupt nicht abergläubisch und sah daher keinen Grund, warum ich dieses Affentheater mitmachen sollte. Anja war da anderer Meinung.

«Das kannst du natürlich gerne machen, aber dann ruft dich wahrscheinlich niemand an. Chinesen sind da sehr vorsichtig.»

«Meine Güte. Wenn es denn sein muss», sagte ich.

«Andere Länder, anderer Unfug», dachte ich.

An den Handyständen konnte ich mir die Geräte zumindest ansehen und war nicht mehr allein Anjas Urteil ausgeliefert. Am Anfang erklärte sie mir, dass es in China viele unterschiedliche Kategorien von Handys gab. Ich wusste natürlich, dass es überall kopierte Produkte zu kaufen gab – ich hatte schon mehrere seltsam heruntergekommene Apple-Stores gesehen –, aber dass die Produktpalette der Kopisten so komplex ist, war mir neu. Zum einen gab es natürlich die originalen Handys, die tatsächlich vom Hersteller stammten. Daneben gab es plumpe Fälschungen, die nur von außen dem Original ähnelten und aus billigem Plastik hergestellt waren. Dann gab es noch die «renovierten Handys». Das waren Handys, die gestohlen, gefunden oder gebraucht gekauft und dann vom Händler mit einer neuen Verpackung und einer neuen Außenschale versehen wurden.

Am interessantesten aber waren die Shanzhai-Handys. «Shanzhai» heißt eigentlich «Bergfestung». Der Grund für diesen Namen ist, dass die Geräte in versteckten Elektronikwerkstätten in den Bergen gebaut werden. Die Shanzhai-Produzenten kümmern sich nicht um Patent- und Markenrechte oder andere geschäftsschädigende Regelungen wie technische Sicherheitsprüfungen. In den Shanzhai-Werkstätten wird alles zusammengelötet, was der chinesische Mobilfunkmarkt begehrt. Viele Modelle werden auch als goldlackierte oder mit Strasssteinchen besetzte Premiumedition angeboten. Shanzhai-Handys kosten nur einen Bruchteil von Markenhandys. Wegen meiner damals eher spärlichen Einkommensverhältnisse spielte ich einen Augenblick mit dem Gedanken, eine dieser Kreationen der chinesischen Produktpiraten zu erstehen. Anja riet mir jedoch davon ab. Sie erzählte mir, dass der Akku des Shanzhai-Handys ihres Vaters vor kurzem Feuer gefangen hatte und die Wohnung ihrer Eltern noch immer nach verschmurgeltem Plastik roch.

Also sahen wir uns die Originalmodelle an. Anja übersetzte meine Fragen, die Antworten des Verkäufers und die blechernen Ansagen des Taschenrechners. Hin und wieder musste sie mich über einige Besonderheiten der Preisgestaltung aufklären.

«Sieh mal, dieses hier. Wie wäre es damit? Ein ganz neues Modell. Und es ist mit der Acht geschlagen.»

«Mit der Acht geschlagen? Dann muss es ein Glückshandy sein.»

Ich hatte gut aufgepasst.

«Nein. Es ist reduziert. Es kostet jetzt nur noch acht von zehn.»

Wieder eilte der Verkäufer zur Hilfe und hämmerte etwas in das sprechende Rechengerät.

«Allmählich habe ich das Gefühl, dass ihr Chinesen absichtlich alles kompliziert macht.»

Dieser chinesische Zahlenhokuspokus machte mich langsam wirklich nervös. Der Wechselkurs von eins zu zehn war kein großes Problem. Weil ich damals aber immer noch die Angewohnheit hatte, alle Euro-Preise in D-Mark umzurechnen, und jetzt auch noch überlegen musste, was nach dem achten, siebten oder sechsten Schlag von dem verprügelten Preis übrig blieb, war es nicht mehr ganz so einfach, die Preisschilder zu interpretieren.

Am besten gefiel mir ein neunmal geschlagenes silbernes Originalgerät mit integriertem Englisch-Chinesisch-Wörterbuch. Ich wollte es schon kaufen und sagte zu dem Verkäufer: «Zhege», woraufhin er meine hervorragenden Sprachkenntnisse lobte. Anja bestand aber darauf, dass ich es erst einmal ausprobierte. Sie vertraute niemandem. Also fragte sie den Verkäufer, ob ich die SIM-Karte einlegen dürfe. Anja wählte ihre eigene Nummer.

«Guten Tag», sagte Anja.

«Können Sie mich gut verstehen? Ich habe nämlich ein neues Handy.»

«Ja, klar und deutlich.»

«Warum rufen Sie denn an?»

«Ach, ich wollte Sie einfach nur fragen, ob es sein kann, dass die Frau am Nachbarstand heute versehentlich ihre Küchengardine angezogen hat.»

Ich deutete unauffällig auf die betreffende junge Frau.

Mir war schon im Flugzeug aufgefallen, dass chinesische Kleider manchmal aus einem Stoff hergestellt waren, der in Europa nur sehr selten in der Bekleidungsindustrie Verwendung fand. Die Frau, die im Flugzeug an meiner Schulter geschlafen hatte, trug zum Beispiel eine Bluse, deren Stoff einem Fliegengitter ähnelte.

«Ach so. Nein, das ist keine Gardine», sagte Anja. «Das ist ein Sofakissen.»

Wir diskutierten noch ein bisschen, bis wir der Meinung waren, dass das Handy einwandfrei funktionierte. Anja beendete unser Gespräch, und ich war mir der Sache ziemlich sicher: Ein neunmal geschlagenes Handy war immer noch deutlich besser als mein altes, das nur geschüttelt funktionierte.

Als der Verkäufer das Handy in den Pappkarton stecken wollte, sah ich dann aber, dass es das gleiche Telefon auch noch in einer anderen Farbe gab: Blaumetallic. Ich bat Anja, dem guten Mann mitzuteilen, dass ich doch lieber das schicke blaue haben wollte. Es folgte erneut eine minutenlange angeregte Diskussion, bei der ich diesmal lieber gar nicht erst zu erahnen versuchte, worum es ging. Anja erklärte es mir anschließend: Das silberne Telefon war durch unser kurzes sinnloses Telefonat über gardinenähnliche Bekleidung jetzt keine Jungfrau mehr. Der Verkäufer behauptete steif und fest, dass wir das Handy nehmen müssen, weil wir schon damit telefoniert hatten. Die Liste der Anrufe lasse sich nicht löschen, und kein Chinese würde ihm das Ding jetzt noch für den Originalpreis abkaufen. Es war ein Gebrauchthandy. Seine Unschuld war dahin. Kopfschüttelnd bezahlte ich das Telefon.

Nach dem Handykauf wollte ich mich bei Anja für ihre Mühen bedanken. Ich schlug ihr vor, sie zum Essen einzuladen. In Tianjin konnte man schon für etwa zwei Euro pro Nase in den kleinen Restaurants essen gehen, das ließ mein begrenztes Budget gerade noch zu.

«Super», sagte Anja, «die Ziege auf dem Baum ist nah.»

«Wie bitte? Ist das auch ein Sprichwort?»

«Nein, das ist mein Lieblingsrestaurant. Magst du Feuertopf?»

«Das kann ich dir nicht sagen, weil ich überhaupt keine Ahnung habe, was das ist.»

«Du bist schon fast eine Woche in China und hast noch keinen Feuertopf gegessen? Folge mir!»

Wir gingen durch einige kleine Gassen und betraten ein Restaurant mit dem Namen «Die Ziege auf dem Baum». Dort bestellte Anja einen sogenannten Feuertopf, eine Art Suppenfondue, bei dem man die Zutaten in einem scharfen Sud aus Blütenpfeffer und Chilischoten gart: Gemüse, Tofu, Pilze, Fleisch, Fisch – und ein paar andere mir unbekannte Dinge.

«Was ist das denn?»

«Das ist eingekochtes Schweineblut.»

«Aha. Und das?»

«Das sind Hasendärme.»

«Oho.»

«Der Feuertopf ist wie China: bunt, chaotisch, vielfältig – einfach alles drin. Nur ein bisschen giftig», sagte Anja, und eine Ladung Chinakohl landete im hohen Bogen im blubbernden Feuertopf. Suppenspritzer dekorierten die Tischplatte.

«Warum denn giftig?», fragte ich.

«Na ja. Woraus die Köche die Suppe machen, weiß keiner so richtig. Man hat schon die seltsamsten Inhaltsstoffe entdeckt.»

«Na, dann guten Appetit!»

Ich fragte mich, ob die panische Angst der Italienerin vor einer Lebensmittelvergiftung vielleicht doch keine Paranoia war.

Anja und ich bestellten zwei Flaschen Tsingtao-Bier und unterhielten uns stundenlang über alle möglichen und unmöglichen Dinge. Unter anderem erzählte sie mir, dass einer meiner Vorgänger eine Affäre mit einer gut aussehenden Studentin der Anglistik gehabt haben soll. Trotz der strengen Hausregeln ging sie im Expertenheim ein und aus. Hitlers und Mussolinis missbilligende Blicke ignorierten die beiden einfach. Ich war schockiert. Eine Liebesbeziehung mit einer Studentin, da waren Anja und ich vollkommen einer Meinung – so etwas ging gar nicht.

Die Tigerkinder und das Aspirin

6 Ich hatte zu Beginn eine Menge damit zu tun, mich an die spezifischen Lern- und Lehrgewohnheiten der Chinesen zu gewöhnen. Das Semester war bereits zur Hälfte vorüber, als ich endlich meine Kurse von den chinesischen Kollegen übernahm, die mich vertreten hatten, während ich in Deutschland noch auf die Beglaubigung meiner Papiere wartete.

Im ersten Jahrgang unterrichtete ich «Mündliche Kommunikation». Das war keine leichte Aufgabe, weil die Studenten gerade erst den phonetischen Vorkurs beendet hatten und daher noch nicht besonders viel kommunizieren konnten. Im Wintersemester hatten sie ohnehin weniger Zeit für den Unterricht, denn in den ersten vier Wochen wurde erst einmal ein intensives Militärtraining absolviert. Dingding erzählte mir später, dass man dabei lernt, wie man sich mit Kung-Fu selbst verteidigt, wie man stundenlang marschiert und wie man gelangweilt in der Sonne herumsteht. Dann wird auch noch der Umgang mit der Waffe geübt, und man pikst mit einem imaginären Bajonett Löcher in die Luft, während man aus vollem Halse «Töten, töten, töten!» ruft. Wenn Dingding und ich uns streiten, dann guckt sie mich manchmal böse an und sagt: «Du weißt doch, dass ich Kung-Fu kann und an der Waffe ausgebildet bin, also halt dich zurück.» Dann bin ich ruhig.

Ein anderer Grund dafür, dass die Studenten sich nicht nur auf die Fachkurse konzentrieren können, ist der Stundenplan, der mit weitgehend sinnbefreiten Kursen wie «Marxismus», «Militärtheorie» und «Deng-Xiao-Ping-Lehre» vollgepackt ist. Einmal verirrte ich mich in eine solche Massenvorlesung und wurde Zeuge einer äußerst skurrilen Veranstaltung. Einige wenige systemtreue Musterstudenten verbargen erfolgreich, dass sie die Inhalte das Kurses ebenso wie alle anderen für belangloses Gewäsch aus einer längst untergegangenen Epoche hielten. Der Rest des Saals lag mit dem Kopf auf der Tischplatte und schlief: ein kollektives Massennickerchen, bei dem ein vom eigenen monotonen Geschwalle in hypnoseähnlichen Halbschlaf versetzter uniformierter Grauhaariger eine PowerPoint-Folie nach der anderen vorlas. Erfolgreiche ideologische Indoktrinierung sieht anders aus, vermutete ich.

Schlafen können die Chinesen aber auch in Situationen, in denen das Drumherum weniger einschläfernd ist. Wang Hui machte seinen wohlverdienten Mittagsschlaf auf der Couch im Gemeinschaftsbüro. Ich sah Marktfrauen auf Reissäcken dösen und Kellner, die mit dem Kopf auf dem Tisch gemeinschaftlich ein Schläfchen hielten. Einmal sah ich sogar einen Bauarbeiter, der sich in der Mittagspause in die Schaufel eines Baggers gebettet hatte.

In den Germanistikseminaren ging es zum Glück meist

ein bisschen lebhafter zu. Hin und wieder lachten die Studenten im Chor – mir war in den allermeisten Fällen keineswegs klar, worüber. Einige Vokabeln, die in den Lehrmaterialien vorkamen, riefen besonders starke Begeisterung hervor. Mir war früher nie aufgefallen, dass «Wasserhahn» eigentlich ein sehr seltsames Wort ist und dass «Handschuh» nur in der deutschen Sprache diese genialistisch-plumpe Metaphorik hat. Das deutsche «tschüs» wird tragischerweise fast identisch ausgesprochen wie der chinesische Ausdruck «Qusi», der wörtlich übersetzt «Geh sterben» bedeutet und nur selten als Form der Verabschiedung in Frage kommt. Ganz besonders schräg fanden die Studenten auch den deutschen «R-Laut», der für sie klingt, als würde man gleich ungesunde Racheninhalte auf dem Boden verteilen. Einige weigerten sich regelrecht, diesen schmutzigen Laut zu produzieren. Aber selbst wenn sie sich sehr viel Mühe gaben, klang es eher wie eine Horde fauchender Drachenbabys in der Feuerspuckerschule.

Nach der ersten Unterrichtsstunde wollten einige Studenten mit mir fotografiert werden und machten auf dem Foto das Victory-Zeichen, eine etwas irritierende Angewohnheit der Chinesen. Ein Mädchen kam von ganz hinten angelaufen, mit kleinen Trippelschritten näherte sie sich mir und sagte: «You are cute», kicherte und verschwand wieder. Die älteren Jahrgänge waren abgeklärter und eigenständiger, aber die Erstsemester wirkten auf mich wie Kinder. Sie waren achtzehn oder neunzehn und fühlten sich am wohlsten in einer bunten Anime-Welt. Wenn sie Referate hielten, flatterten Schmetterlinge über die Präsentation. Im Hintergrund erblühten Blumen, und animierte Herzen blinkten fröhlich. Gewöhnungsbedürftig waren auch die Hello-Kitty-Klamotten und Mickey-Mouse-Federtaschen.

Das seltsamste Kleidungsstück jedoch, das ich damals zu Gesicht bekam, war ein Findet-Nemo-Ärmelschoner. Einige Studenten trugen über ihren Armen eine Art von Stulpen, Armsocken, wie man sie von Buchhaltern aus alten amerikanischen Filmen kennt. Der Grund für die Schutzbekleidung war, dass die Unterrichtsräume selten geputzt wurden und ungeschützte Ärmel schnell eine grau-braune Unterseite bekamen. Die abwaschbaren Armgamaschen trug man in dieser Saison gern auch in Knallrosa.

Insgesamt war die Stimmung an der Uni sehr locker. Die chinesische Universität funktionierte ein wenig anders, als ich es von Deutschland gewohnt war. Die meisten Studenten nahmen ihr Studium nicht allzu ernst. Warum auch? Einen Abschluss bekamen sie auch, ohne sich groß anzustrengen, und nach der Note fragte am Ende niemand. Natürlich gab es auch viele fleißige und engagierte Studenten, aber der Großteil wusste schon sehr gut, dass es im chinesischen System fast unmöglich ist, durchzufallen. Wer wollte es ihnen da verdenken, dass sie Hausaufgaben, Prüfungsvorbereitungen und Abschlussarbeiten manchmal mit einer gewaltigen Portion Sorglosigkeit anpackten.

Es dauerte eine Weile, aber irgendwann verstand ich, dass die große Anstrengung, die monströse Lernleistung, bereits hinter ihnen lag. In Deutschland ist es vergleichsweise einfach, an einer guten Universität angenommen zu werden. Auch in Deutschland gibt es begehrte Fächer, aber mit dem Konkurrenzdruck, der auf chinesischen Schülern lastet, ist das kaum zu vergleichen. Die zentrale Hochschulaufnahmeprüfung «Gaokao» ist eine Art Auswendig-lernen-Olympiade. Die «guten» Mittelschulen sind dementsprechend quasimilitärisch organisierte Trainingslager, Schüler-Bootcamps, in denen nur die messbare Lernleistung zählt. Diese Terrorprüfung findet jedes Jahr im Juni statt und dauert zwei bis drei Tage. Währenddessen steht das ganze Land still, Bauarbeiten im weitläufigen Umkreis von Schulen werden eingestellt, und freiwillige Helfer leiten teilweise den Verkehr um.

Der Grund für die alljährliche landesweite Gaokao-Hysterie ist, dass das Ergebnis dieser Prüfung den Verlauf des gesamten Lebens bestimmt. Ist man erfolgreich, stehen einem die Türen zu einer guten Universität offen. Versagt man, ist man draußen. Weil kein anderes Ausbildungssystem existiert, kann man dann höchstens noch an einer der Provinzuniversitäten studieren. Aber dort ist die Ausbildung gewöhnlich so mies, dass man oft nur im Niveau-Limbo Erfahrungen sammeln kann. Das Einzige, was dort immens hoch ist, ist die Studiengebühr.

An den Mittelschulen wird folglich alles getan, um die Schüler für diese Prüfung fit zu machen. Ganz kurz, genau einen Tag, habe ich auch einmal an einer solchen Schule, an der Tianjiner Mittelschule der Fremdsprachenuniversität, unterrichtet. Es war zufälligerweise genau die Schule, auf der Dingding sich einige Jahre zuvor für den Gaokao vorbereitet hatte. Man hatte mich gefragt, ob ich dort einspringen würde, und ich konnte den Zusatzverdienst gut gebrauchen. Aber ich war beim besten Willen nicht in der Lage, dort zu arbeiten.

Die Schule wirkte auf mich wie ein Folterlager. Uniformierte Schüler sitzen von morgens halb acht bis abends um sechs im Unterricht, einzig unterbrochen durch die Massenappelle auf dem Schulhof, Zwangsgymnastik und hektische Essenspausen. Alles ist aufs Lernen ausgerichtet, und jede mögliche Ablenkung wird weitestgehend reduziert. Wenn man chinesischen Studenten erzählt, dass in Deutschland die Schule mittags endet und ihre deutschen Altersgenossen trotzdem über den unerträglichen «Abiturstress» klagen, dann lächeln sie nur müde. Während in Deutschland über G8 oder G9 diskutiert wird, ist in China G24/7 längst Standard. Der Gaokao führt diese Kids an ihre physischen Grenzen. Ich habe im Fernsehen Werbung für Gestelle gesehen, die man den Kindern umschnallen kann, damit sie in den endlosen Stunden auf der Schulbank keine Haltungsschäden entwickeln. Neunzig Prozent der Studenten tragen eine Brille, weil sie durch das viele Lesen kurzsichtig geworden sind. Und weil das alles noch nicht ausreicht, haben viele von ihnen morgens noch Klavierunterricht oder spielen abends ein bisschen Geige.

Chinesische Eltern lieben ihre Kinder über alles und wollen für sie nur das Beste. Sie sollen eine gute Zukunft haben, und das bedeutet, dass sie so früh wie möglich lernen, «Bitterkeit zu essen». Wenn diese sogenannten Tigerkinder es dann in den Kreis der Auserwählten geschafft haben, die an der berühmten Nankai-Universität studieren dürfen, wenn sie den Sprung in die goldene Zukunft hinter sich haben, dann schalten sie meist erst einmal einen Gang runter. Die hochgetunten Lernautomaten gönnen sich eine Pause, bis sie auf dem chinesischen Arbeitsmarkt die Bitterkeit wieder in Kübeln schlucken dürfen. Die Universität ist eine kurze Verschnaufpause in einem Leben voller Konkurrenz.

Eine andere Sonderbarkeit des chinesischen Universitätssystems ist die Studienplatzvergabe. Man bewirbt sich in China an einer Universität. Dabei kann man zwar sein Wunschfach angeben, aber wenn es belegt ist, wird man von der Verwaltung einfach einem anderen Fach zugeteilt. Nach dem Motto: «Sie wollten Maschinenbau. Geht aber nicht. Wie wäre es denn mit Philosophie? Marx, Kant und so Zeug? Das kennen Sie doch bestimmt. Ansonsten hätten wir noch

Italienisch im Angebot, da ist gerade was frei geworden.» Die wenigsten Studenten, die ich unterrichtete, haben freiwillig Germanistik gewählt. Sie wurden zugeteilt, und die meisten waren darüber nicht besonders erfreut.

Chinesen gehen sehr pragmatisch an die Studienwahl heran. Der Abschluss an einer guten Universität öffnet die Türen zu einem Job in Shanghai oder Beijing; und da wollen sie hin. Alles andere ist Provinz, rückständig, unmodern und viel zu weit weg von der Macht, dem Geld und dem globalisierten Großstadtleben. Starbucks, Mercedes, Gucci, das ist es, was zählt. Und dafür braucht man eben den Universitätsabschluss. Wenn dann so ein komisches Bleichgesicht vorne am Pult meint, dass es dafür unbedingt notwendig sei, die Sprechakttheorie oder gar die generative Grammatik zu verstehen, dann kann man sich das ja mal anhören. So in etwa sieht die Grundhaltung eines durchschnittlichen chinesischen Teilnehmers sprachwissenschaftlicher Seminare aus.

Im ersten Jahr sind die Neuankömmlinge noch einigermaßen lernwillig. Sie kennen durch die Gaokao-Vorbereitungsjahre nichts anderes als das pure Pauken. Im Laufe der Zeit stellt sich ihnen aber immer öfter die Frage, was sie denn bitte schön mit germanistischer Linguistik und deutscher Literaturtheorie anfangen sollen. Wofür braucht man denn so etwas? Dann muss man als Dozent irgendetwas anstellen, um sie für das zu interessieren, was man ihnen im Staub der unter den Fingern zerbröselnden Kreide so erzählt.

Natürlich gibt es in China an jeder Universität exzellente Germanisten. Nicht immer ist Germanistik in China Perlen vor die Säue – oder Geigenspiel für eine Kuhherde, wie es hier heißt. Aber die Aufgabe, Studenten, die das Fach nicht einmal selbst gewählt haben, davon zu überzeugen, dass

Literatur- und Sprachwissenschaft eine gewinnbringende Beschäftigung sein kann, ist nicht viel leichter, als Deutschen Quallensalat schmackhaft zu machen. Einige Deutsche lieben Quallensalat. Er ist nahrhaft und gesund, und an die zähe Konsistenz kann man sich gewöhnen. Man muss ihn nur richtig zubereiten. Für mich sind daher die Germanisten, die noch in Ulan Bator bei mongolischen Studenten mit Heinrich Heine Begeisterung für ihre sperrige Muttersprache wecken, die wahren Helden der Völkerverständigung.

Auch die westlichen kommunikativen Unterrichtsmethoden stehen in China immer wieder auf dem Prüfstand. Wir Langnasen haben ja mittlerweile meist den Anspruch, unser Wissen anschaulich und verständlich zu erklären, und interagieren deswegen gesten- und mimikreich mit unserem Gegenüber. Für Chinesen, die ihr Leben lang nur den passiven Frontalunterricht und das reine Auswendiglernen erfahren haben, von ihnen so treffend als «Entenstopfen» bezeichnet, ist das etwas gewöhnungsbedürftig. In einer chinesischen Bachelorarbeit zum Thema «Methodik im Fremdsprachenunterricht – Ein Deutsch-Chinesischer Vergleich» fand ich einmal folgende schöne Sätze:

«Der chinesische Lehrer steht regungslos am Pult, mit der einen Hand hält er das aufgeschlagene Buch, mit der anderen deutet er auf die Tafel. Er liest etwas aus dem Buch vor, und wir Studenten sprechen es im Chor nach. Der deutsche Lehrer macht es anders. Er führt zur Erklärung der Worte zuerst einen Tanz um das fragliche Wort auf.»

Ganz falsch ist das nicht. Als ich im Hörverständnisunterricht im dritten Jahr aus irgendeinem Grund auf den Ententanz zu sprechen kam und die Studenten im Chor skandierten «Tanzen, tanzen, tanzen», habe ich tatsächlich den

Ententanz vorgeführt. Von meiner Darbietung im Super-markt ganz zu schweigen.

Die Studenten im dritten Studienjahr fragte ich gleich zu Beginn nach ihren beruflichen Zielen. Einige wenige von ihnen wollten tatsächlich Dolmetscher oder Deutschleh-rer werden. Die überwältigende Anzahl jedoch sah sich im besten Falle später im allgegenwärtigen Staats- und Macht-apparat der Volksrepublik. Als Verwaltungsbeamter habe man Einfluss, erklärten sie mir. Und man ist ganz nah dran an den Goldtöpfen des Wirtschaftswunderlandes. Andere Studenten wollten ganz einfach «Chef» werden. In welchem Wirtschaftsbereich, war ihnen nicht so wichtig, Hauptsache, sie landeten auf dem direkten Weg am oberen Ende der Kar-riereleiter. Die Aussage eines Studenten, der angab, in der Logistikbranche arbeiten zu wollen, weil er in der Spedition seines Onkels schon ein «Praktikum als Anrufbeantworter» gemacht hatte, konnte ich auf eine sprachliche Ungenauig-keit zurückführen.

«Pünktchen» war in dieser Frage ebenfalls nicht um eine originelle Antwort verlegen. «Pünktchen» hatte von mir die-sen Namen bekommen, weil ihr chinesischer Name «Peng Qin» in meinen Ohren sehr ähnlich klang. Hinzu kam, dass ihre Stupsnase über und über mit Sommersprossen bedeckt war und sie ständig durch besondere Naseweishaftigkeit auffiel. Ihr Traumberuf war es, die «Konkubine von Prinz William» zu sein. Ich wollte ihr die Hoffnung nicht nehmen, aber ich wies sie vorsichtig darauf hin, dass die Gemahlin des damals noch unverheirateten Prinzen wohl eher «Prin-zessin» genannt wird und ihre Chancen für diesen Job nicht sonderlich gut stünden, zumal es nur eine Einzige davon gebe und die Konkurrenz sicher noch erbitterter sei als bei der Gaokao-Prüfung. Sie nahm es mit Fassung.

Zu meinen Aufgaben an der Universität gehörte es auch, die mündlichen Prüfungen abzunehmen. Schon im Anfängerkurs kam es währenddessen hin und wieder zu sprachlichen Auffahrunfällen.

«Welche Eigenschaften kann man denn beim Sport trainieren?», fragte ich.

Die Studentin überlegt eine Weile.

«Mond?»

«Man kann Mond lernen? Meinen Sie wirklich Mond?» Ich war skeptisch.

«Nein. Mond meine ich nicht. Ich meine Mord.» Sie freute sich, dass ihr der Fehler aufgefallen war.

«Mord? Beim Sport kann man seine Fähigkeiten im Bereich Mord ausbauen? Sport ist Mord. Meinen Sie das?»

«Nein. Das ist alles falsch und dumm. Mut. Mut meine ich.»

Eine andere Studentin war ganz stolz darauf, dass sie das richtige Verb für sportliche Betätigungen beherrschte.

Sie sagte: «Sport machen. Nein, das ist nicht korrekt. So sagt man es nicht. Man sagt: Herr Meier treibt Sport. Er treibt Kugelstoßen. Auch die Studenten treiben Tischtennis. Sie treiben es gern in der Sporthalle.»

Ein Student brachte mich zum Schmunzeln, als er auf die Frage, welche Dinge «scheinen» können, etwas anders antwortete, als ich erwartet hatte.

«Eine Kerze», hörte ich.

«Die Sonne», sagte jemand.

«Die Lampe», wurde ebenfalls als korrekt gewertet.

«Der Führer scheint» konnte ich nicht durchgehen lassen.

Am spannendsten waren die mündlichen Prüfungen im zweiten Jahr. Im ersten Jahr konnten die Studenten noch nicht genug Deutsch, um längere Gespräche zu führen. Im zweiten Jahr sollten sie die schönen neuen Wörter, die sie inzwischen gelernt hatten, auch ausprobieren. Wir gaben den Studenten einen kurzen Aufsatz über bedrohte Tierarten. Darin ging es um den heute nahezu ausgestorbenen Jangtse-Delfin und um die immer seltener werdenden wilden Tiger. Außerdem ging es um den Konflikt der chinesischen Bauern, einerseits ihr Vieh und ihre eigene Haut vor den Tigern zu schützen und sich andererseits dem Artenschutz entsprechend zu verhalten. Viele Studenten konnten die Verständnisfragen sehr gut beantworten. Aber als wir Prüfer im Anschluss das Thema etwas vertiefen und darüber diskutieren wollten, war das Ergebnis nicht immer so überzeugend.

Ein Student antwortete auf die Frage nach seiner eigenen Meinung eine ganze Weile gar nicht. Er saß auf seinem Stuhl und betrachtete seine Schuhe. Ich fragte den verschüchterten jungen Mann vorsichtig: «Aber Herr Li, warum sagen Sie denn nichts? Sie können doch Deutsch.»

Er sah mich verlegen an und antwortete: «Lieber Lehrer, Tierschutz ist eine wichtige und schwierige Angelegenheit. Da möchte ich mich lieber nicht einmischen.»

Außerdem erfuhr ich während dieser Prüfung, dass die Themen Tierschutz und Gesundheit in den Augen der Chinesen einige überraschende Schnittpunkte haben. Traditionelle chinesische Ärzte schwören auf Wirkstoffe, die aus Körperteilen seltener Tiere hergestellt werden. Das wusste ich. Aber wie tief diese Tradition im Denken einiger Chinesen verwurzelt ist, erkannte ich erst jetzt. Denn als ich eine Studentin fragte, ob man Tiger schützen solle, da sagte sie mit einer Überzeugung in der Stimme, die mir noch heute Respekt einflößt: «Aber natürlich muss man die Tiger schützen. Wir brauchen Tiger für unsere Medizin.»

Das war nicht ganz die Antwort, die ich erwartete hatte,

aber zumindest war es schlüssig argumentiert. Ich dachte an eine Philosophie-Hausarbeit, die ich einmal über anthropozentristische Begründungsmodelle für den Artenschutz geschrieben hatte. Dieses war eins. Zu einfach wollte ich es der Studentin aber auch nicht machen und hakte nach:

«Wenn man nun aber alle Tiger tötet und Medizin aus ihren Zähnen macht, dann ist das doch auch nicht gut, oder?»

Die kluge Frau wusste Rat.

«Doch, das ist okay», sagte sie. «Du kannst die Zähne ruhig kaufen. Dann musst du aber bei dir zu Hause einen Tiger aufziehen. Dann geht es.»

Auch das war schlüssig argumentiert. Sie bekam von mir eine gute Note.

Die Studenten diskutierten im Allgemeinen nicht sonderlich gern. Im Auswendiglernen waren sie Weltmeister, aber im Diskutieren allerhöchstens Kreisklasse. In der Schule präsentierte der Lehrer das Wissen, und im Anschluss wurde es wieder abgefragt. Viele hielten es daher einfach für überflüssig, sich allzu sehr mit den Inhalten herumzuplagen.

Diese Form der Konditionierung kann nahezu unüberwindbar sein, wie ich feststellte, als Herr Wang die mündliche Prüfung ablegen sollte. Der Student hatte die Aufgabe, einen Text wiederzugeben, in dem es um gefälschte Medikamente ohne Wirkstoffe ging. Er hatte, wie in der Schule gelernt, die fünfzehn Minuten Vorbereitungszeit gut genutzt und den Text vorsichtshalber vollständig auswendig gelernt. Wenn man bedenkt, dass es sich um einen fremdsprachigen und nicht ganz einfachen Text handelte, ist das eine erstaunliche Gedächtnisleistung. Er gab in der Prüfung dann auch den kompletten Text fast wortwörtlich wieder. Im Anschluss wollte ich von Herrn Wang wissen, ob die wirkungslosen Tabletten gefährlich seien. Darauf reagierte Herr Wang etwas verwirrt. Er spulte den Text in seinem Kopf vor und wieder zurück, schien aber keinen Wortlaut zu entdecken, der zu meiner Frage passte. Nach einer Weile entschied er sich, einfach den Anfang des Textes zu wiederholen.

«Ahhh. In der Apotheke gibt es Medikamente. Man geht in die Apotheke und kauft dort Aspirin …»

Es ist nicht ungewöhnlich, dass Chinesen einer Frage ausweichen und stattdessen irgendetwas anderes erzählen, das sie für relevant halten. Darin ähneln sie sehr stark deutschen Politikern. Aber dieses Mal wollte ich das nicht durchgehen lassen.

«Herr Wang. Ich möchte nicht, dass Sie den Text wiederholen. Ich möchte, dass Sie die Frage beantworten. Also noch einmal: Tabletten ohne Wirkstoff, sind die gefährlich?»

Herr Wang nahm sich mein Interesse an Verständnisfragen nicht sonderlich zu Herzen. Er sah mich an, dann sah er an die Decke, und dann sagte er:

«Ahhh. In der Apotheke gibt es Medikamente. Man geht in die Apotheke und kauft dort Aspirin …»

Ich bin ein geduldiger Mensch, und ich war zu dem Zeitpunkt auch schon einiges gewohnt. Also unterbrach ich Herrn Wang und versuchte es noch einmal.

«Herr Wang. Stopp. Herr Wang. Hallo. Noch einmal ganz langsam. Sie nehmen eine Tablette.»

Ich führte unterstützend meine Hand zum Mund.

«In der Tablette ist keine Medizin.»

Bei dem Wort «keine» schloss ich meine Augen und schüttelte den Kopf.

«Ist das gefährlich? Können Sie davon sterben?»

Ich würgte mich selbst ein wenig und röchelte leise.

Herr Wang sah mich dabei ziemlich verständnislos an und sagte lieber gar nichts mehr. Ich gab nicht auf. Ich hatte eine Schachtel Minzbonbons in der Tasche und legte einen davon auf den Tisch.

«Herr Wang», sagte ich, «das kann doch nicht so schwer sein.»

Ich zeigte auf den Bonbon.

«Das ...», ich schloss wieder die Augen und schüttelte langsam den Kopf, «das ... keine Medizin ...»

Ich zeigte auf ihn. «Du ... essen.»

Er sah mich verwundert an.

«Du essen das.» Ich führte meine Hand zur Verdeutlichung noch einmal zum Mund.

«Du essen das. Das ... keine Medizin.»

Ich fuhr mit dem Zeigefinger an meinem Hals entlang und ließ danach die Zunge aus dem Mund hängen.

«Du essen das. Das keine Medizin. Du tot? Ja? Oder du leben? Du tot? Ja, nein?»

Herr Wang sah nachdenklich aus und schien sich sehr darüber zu wundern, welch seltsame Lehrer man aus Deutschland schickte. Nach einer Weile antwortete er dann aber doch.

«Ahhh», sagte er, «in der Apotheke gibt es Medikamente. Man geht in die Apotheke und kauft dort Aspirin ...»

An diesem Nachmittag hatte ich sehr starke Kopfschmerzen. Ich ging in die Apotheke und kaufte dort Aspirin.

Die Schönheit von dem Herzen

7 «In Deutschland liegen die Frauen am Boden», sagte Pünktchen, die im letzten Jahr an einem Sommerkursprogramm an der Universität Heidelberg teilgenommen hatte, als wir während des Unterrichts über kulturelle Differenzen sprachen.

«Ja, steht es denn wirklich so schlecht um die Gleichberechtigung in Deutschland?», fragte ich.

«Nein, das meine ich nicht», sagte sie. «Ich meine die Frauen, die sich ausziehen und in den Schmutz legen.»

«Wer macht denn so etwas?», wunderte ich mich.

«Na, alle Deutschen machen das, aber die Frauen besonders gern», erklärte sie mir. «Wenn die Sonne scheint, dann machen sie es.»

Langsam wurde mir klar, worauf sie hinauswollte.

«Du meinst die Leute im Park.»

«Ja. Und in der Universität auf dem Rasen. Und am Flussufer. Überall, wo es ein bisschen grün ist, werfen sie sich hin.»

Sie verzog angeekelt das Gesicht, und ich konnte mir denken, warum. Chinesen setzen sich normalerweise noch nicht einmal auf Parkbänke, ohne vorher eine Zeitung oder etwas anderes zum Schutz ihrer Kleidung darauf zu legen. Der Gedanke, mitten in der Stadt direkt auf dem Boden zu liegen, ist für sie nicht gerade verlockend.

Außerdem würde kaum ein Chinese auf den seltsamen Gedanken kommen, sich freiwillig direkt in die Sonne zu legen. Dafür ist es im Sommer meistens viel zu heiß. In den Megacitys ist durch den Dauersmog zwar nur sehr selten ein klarer blauer Himmel zu sehen, die UV-Strahlung wird davon aber kaum abgehalten.

Gleich am Anfang hatte ich mir daher in einem Supermarkt eine Sonnencreme mit hohem Lichtschutzfaktor gekauft. Ich bin eher ein blasser Hauttyp, erstaunlicherweise wurde ich aber im Laufe der folgenden Woche noch blasser und sah zunehmend aus wie Michael Jackson in seiner finalen Phase. Mit meinem Handy-Wörterbuch übersetzte ich daraufhin die Zeichen auf der Tube und stellte nach einer Internetrecherche fest, dass sie nicht nur vor UV-Strahlen schützte, sondern auch ein starkes Bleichmittel enthielt. In den kleineren Supermärkten war es fast unmöglich, eine Sonnencreme zu finden, die aus mir kein mondsüchtiges Milchgesicht machte. Die meisten Kosmetika waren mit Bleichmitteln angereichert. Gesichts- und Handcremes, die Bodylotionen, Duschgel, einfach alles.

Natürlich wusste ich, dass in China vornehme Blässe angesagt war und internationale Sonnenstudioketten den chinesischen Markt nicht ganz zu Unrecht mieden. Und natürlich sah ich mit einigem Vergnügen, dass viele Chinesinnen tatsächlich mit einem Sonnenschirmchen durch die Straßen spazierten. Aber einige übertrieben es definitiv. Ich sah ältere Frauen, die waren so weiß, dass Heino dagegen aussieht wie Nadja abd el Farrag nach acht Wochen Mallorca. Für die wohlhabenden Damen, die sich auf diese Weise ganz bewusst von der sonnengegerbten Landbevölkerung absetzten, wäre eine weiße Wand die beste Tarnung gewesen.

Aber nicht nur in Bezug auf den Teint weicht das klassische Schönheitsideal der Chinesen, das die Dynastien überdauert und dem Prozess der Verwestlichung noch immer standhält, sehr deutlich vom westlichen ab. Die ideale Gesichtsform der Frauen ähnelt, wie die Chinesen es schon vor Urzeiten definiert haben, einem Sonnenblumenkern, schmal und lang gezogen, mit einem spitzen Kinn. Die Augen sollten groß wie Mandeln sein und der Mund klein wie eine Kirsche. Asiatische Frauen, die im Westen begehrt sind, weil sie mit ihren schmalen Augen, der dunklen Haut und dem sinnlichen großen Mund einen exotischen Reiz versprühen, gelten in China als ordinär.

Chinesische Kinder sind auch im 21. Jahrhundert nach Möglichkeit ein wenig mopsig, sogar deutliches Übergewicht gilt im Kleinkindalter keineswegs als schlecht. Von den Frauen hingegen wird heute – wie eigentlich fast überall auf der Welt – verlangt, auf eine gleichbleibend kleine Konfektionsgröße zu achten. In Afrika soll es ja noch Gegenden geben, wo Big Mama die Männerherzen höher schlagen lässt, aber ansonsten ist die Rubensfrau meines Wissens weitgehend aus der Mode. Einige chinesische Männer gehen in dieser Hinsicht aber definitiv zu weit. Sie lehnen Frauen oberhalb der magischen Fünfzig-Kilo-Marke kategorisch ab.

Zugegebenermaßen hatte auch ich bei meiner Ankunft in China ein bisschen zu viel auf den Rippen. Nicht viel – gerade die fünf Kilo, die die meisten Deutschen ab einem gewissen Alter standardmäßig zulegen. Wegen dieser paar Kilo

Hüftgold galt ich bei den Chinesen jedoch schon als dick. Vielleicht ist das aber auch ein Fall von ausgleichender Gerechtigkeit, denn in anderer Hinsicht stieg mein Marktwert gewaltig. Nicht nur, dass man mich für einen groß gewachsenen Mann mit strahlend weißer Haut hielt – eine junge Frau, die ich beim Einkaufen kennenlernte, machte mir sogar ein Kompliment wegen meiner Haare:

«You have very beautiful hair. I like the color», sagte sie.

Ich wusste nicht, ob ich lachen oder weinen sollte. Als Kind hatte ich strahlend blonde Haare. Im Laufe der Jahre änderte sich das, und seit meiner Jugend habe ich eine Haarfarbe, die einem Straßenköter unangenehm wäre. Aber nicht nur die Farbe lässt ein wenig zu wünschen übrig. Seit Mitte zwanzig zeigte sich bei mir, wie bei jedem anderen männlichen Verwandten mütterlicher- und väterlicherseits, dass man sich in meiner Familie nicht zu sehr an Kopfbehaarung gewöhnen sollte. Durch kostspielige medizinische Präparate konnte ich zwar den rapiden Verlust meiner ohnehin unansehnlichen Haarpracht etwas abbremsen, deutliche Ansätze einer Mönchstonsur im Hinterkopfbereich waren aber schon damals nicht mehr zu übersehen. Und da sagte doch jemand ernsthaft zu mir, dass ich schöne Haare hätte. Ich fühlte mich wie eine Rubensfrau in Schwarzafrika und liebte die Chinesen.

Chinesische Frauen mögen am liebsten solche Männer, die so richtig «shuai» sind. Immer und immer wieder wurde ich gefragt, wie man dieses Wort denn ins Deutsche übersetzen kann – immerhin ist Deutschland in den Augen vieler Chinesen das Land, in dem viele Männer unglaublich «shuai» sind. «Shuai» kann man nur zu Männern sagen, und deswegen hat das Wort eine gewisse Ähnlichkeit mit dem englischen Begriff «handsome». Das Aussehen der Männer, die von Chinesinnen als «shuai» bezeichnet werden, lässt mich jedoch daran zweifeln, dass der Bedeutungsumfang identisch ist. Unter den deutschen Fußballern galten damals zwei Spieler als besonders «shuai»: Philipp Lahm und der Traummann chinesischer Germanistikstudentinnen, Miroslav Klose. Der Mann mit der Ausstrahlung eines mittelmäßig erfolgreichen Versicherungsvertreters war damals der Inbegriff des hübschen Kaukasiers. Jemand wie Til Schweiger sieht für viele Chinesen hingegen überhaupt nicht gut aus. Sein Kinn ist zu markant, viel zu grobschlächtig, um «shuai» zu sein. Und das obwohl «Schweiger» lustigerweise fast genauso klingt wie das häufig benutzte chinesische Wort «Shuai Ge» – «schicker Bruder». Wenn man die Chinesinnen fragt, warum sie Deutsch studieren, dann sagen sie «Gede», also «Goethe», oder «Xile» und meinen Schiller. Noch häufiger aber sagen sie: «Ist doch klar. Wegen der vielen deutschen Shuaige!»

«Shuai» sind vor allem jene Männer, die in den Augen der Chinesen schneidig und schick aussehen. Ordentlich müssen sie sein, am besten tragen sie noch eine Uniform. Typisch deutsch eben. Vielleicht liegt das daran, dass die «Schicksalsjahre einer Kaiserin» in China sehr beliebt sind. Sissis Franzl verkörpert all das, was die Herzen westlich interessierter Chinesinnen höher schlagen lässt. Die deutschen Soldaten haben den Ruf, verdammt gut in Uniform auszusehen. Im chinesischen Internet kursierte damals eine Fotoserie, auf der junge deutsche Männer zu sehen waren. Die Fotos wurden von schwärmenden Mädchen eifrig kommentiert:

«Ich dreh durch. Die sehen so gut aus.»

«Lecker, die Jungs!»

«Der auf dem letzten Bild, der mit den spitzen Eckzähnen,

der ist so süß, dass einem das Wasser im Mund zusammen-
läuft.»

Geschockt sah ich, dass die schneidigen Jungs einst hoch-
rangige Mitglieder in Reichswehr und SS waren. Dass diese
Männer in den dunklen Uniformen hauptberuflich mit
Krieg und Massenmord beschäftigt waren, schien die chinesischen Kommentatorinnen nicht allzu sehr zu stören.

So ganz verwunderlich ist das allerdings nicht. Die Chinesen haben von den Ereignissen der europäischen Geschichte im Grunde nicht viel Ahnung. Im Schulunterricht
werden diese belanglosen Randnotizen der Historienschrei-
bung fast nicht behandelt, und in den Medien gibt es kaum
Sendungen, die sich damit befassen. Chinesische Schüler
wissen nicht mehr über die Hintergründe des Zweiten Welt-
kriegs als die deutschen über den Opiumkrieg. Die Germanistikstudenten merken es meist irgendwann, dass die
Deutschen es komisch finden, wenn man den Nazi-Schick
von Hitlers Schergen bewundert, aber darüber hinaus gibt
es kaum Berührungsängste. Wenn man einem Taxifahrer erzählt, dass man aus Deutschland kommt, dann sagt er meist:
«Deutschland gut. Fußball gut. Hitler gut.» Ich antworte
dann immer: «Hitler nicht gut. Hitler böse. Fußball gut.»

Bei der sachkundigen Kritik des Aussehens anderer Menschen nimmt man in China selten ein Blatt vor den Mund.
Wenn jemand ein paar Kilo zugenommen hat, wird das sofort angemerkt. In den Kursen zur «Interkulturellen Kommunikation» habe ich immer wieder darauf hingewiesen,
dass insbesondere die deutschen Frauen es nicht so positiv
auffassen, wenn man zu ihnen sagt: «Hallo, Heidi, wie geht
es dir? Du bist dick geworden. Machst du zu wenig Sport?
Isst du zu viel?» In China wird damit ausgedrückt, dass man

sich um seine Mitmenschen kümmert, dass man sich für sie interessiert. Es ist eine höfliche Art der Kommunikation. In Deutschland ist es meist das Ende der Kommunikation. Für immer.

Auch auf einer Autoausstellung fiel mir auf, dass die fachkundige Beurteilung körperlicher Merkmale ein weitgehend tabufreier Diskurs sein kann. Viele chinesische Paare waren offensichtlich nicht wegen der Autos gekommen, sondern wegen der ausländischen Models, die man dort begutachten und kommentieren konnte. Wenn die hochpolierten Neuwagen auf den riesigen Drehtellern um die eigene Achse kreisten, blitzten die Fotoapparate erst dann, wenn das mitdrehende Model im Sucher erschien. Händchenhaltende Paare diskutierten lautstark miteinander und deuteten in die Richtung der Drehteller. Zunächst nahm ich an, sie würden über die Autos sprechen. Die meisten Gespräche bezogen sich stattdessen auf die Karosserien der Import-Frauen.

«Sieh dir mal diese an, die hat besonders lange Beine. Das gefällt mir.»

«Ja schon, aber die Wangenknochen. Das sieht nicht gut aus. Die Blonde bei Hyundai war definitiv hübscher.»

«Aber diese hier hat einen sehr gut gebauten Hintern. Siehst du, wie der sich unter dem Kleid abhebt.»

«Komm, wir gehen noch einmal zu Porsche. Die haben die teuersten mit der größten Oberweite.»

Auf einer Bahnfahrt durch die chinesische Provinz habe ich einmal aus lauter Langeweile und zur Verbesserung meines Wortschatzes eine Broschüre des Eisenbahnministeriums übersetzt, die das Ziel hatte, potenzielle Bewerberinnen über den Beruf der «Hoch-Mädchen» zu informieren. «Hoch-Mädchen» sind die Zugbegleiterinnen in den neuen Hochgeschwindigkeitszügen. Damit nun aber nicht jede

Durchschnittschinesin bei den geschulten Ästhetikexperten des Ministeriums vorstellig wurde, hatte man in dieser Broschüre einige Dinge von Anfang an klargestellt. Westlichen Antidiskriminierungsrichtlinien, nach denen schon ein Passfoto in der Bewerbungsmappe von inneren Fähigkeiten ablenken kann, entsprach der Text wohl eher nicht:

«Um den Fahrgästen den Aufenthalt an Bord so angenehm wie möglich zu machen, sucht das Eisenbahnministerium dreihundert Zugbegleiterinnen. Bewerben können sich hübsche Frauen. Geschulte Juroren bewerten ihre Eignung. Dieser Job ist heiß begehrt. Er lockt die Bewerberinnen an wie der Kuchen die Bienen. Die Arbeit als Zugbegleiterin genießt in der Gesellschaft hohes Ansehen. In einer gepflegten und sauberen Atmosphäre tragen sie eine hübsche Uniform und bekommen ein ansehnliches Gehalt. Aber meine lieben jungen und hübschen Damen, die Anforderungen an Sie sind hoch. Sie müssen nicht nur groß gewachsen sein (eine Mindestgröße von 1,70 Meter ist zwingend erforderlich), Sie müssen für diesen Beruf auch über ein hohes Maß an Kultur verfügen. Denn wer ohne Kultur ist, der wird auch dem Kunden gegenüber nicht die richtigen Worte finden.»

Wenn Dingding und ich heute in einem chinesischen Schnellzug fahren, dann sehen wir nur selten aus dem Fenster. Stattdessen bewundern wir die von der Ästhetikkommission des Eisenbahnministeriums nach strengen Kriterien ausgesuchten Hoch-Mädchen. Am liebsten sitzen wir in der ersten Klasse. Dort haben sie nicht nur die längsten Beine, sondern auch am meisten Kultur.

Falls sich eine junge Frau für so einen Job als Hoch-Mädchen interessieren sollte und auch über die richtige Körpergröße sowie das entsprechende Maß an Kultur verfügt, der Blick in den Spiegel aber einen unerfreulichen Eindruck hinterlässt, dann gibt es auch in China inzwischen einen Ausweg. Man lässt sich operieren. Ganze Reisegruppen pilgern nach Seoul, dem Mekka der plastischen Chirurgie. Und wenn sie wieder zurückkommen, gibt es regelmäßig lange Warteschlangen an den Grenzkontrollen, weil Passbilder und Passbesitzerinnengesichter nicht mehr übereinstimmen.

Einiges von dem, was man in asiatischen Schönheitskliniken machen lässt, kennt man auch im Westen: Silikonbrüste, Fettabsaugen, Lifting. Andere Operationsmethoden hingegen sind typisch asiatisch. Zum Beispiel die Modellierung einer «hohen Nase». Bei Chinesen befindet sich zwischen den Augen oft ein flacher Übergangsbereich; die, wie ich finde, sehr niedlichen Stupsnasen beginnen deutlich weiter unten. Ein eher praktisches Problem dieser Nase ist unter anderem, dass dort auf Dauer keine Brille Halt findet und chinesische Studenten unentwegt zu der typischen Handbewegung zwingt. Sie schieben mit dem Mittelfinger die Brille wieder dahin, von wo sie wenige Augenblicke später erneut herunterrutscht.

Eine andere häufige Operationsmethode schafft eine doppelte Lidfalte. Asiatische Augenlider sind meist schmal und ungefaltet. Und weil die Chinesen Lidfalten aus irgendeinem Grund unheimlich wichtig finden, wird das Lid oft per Skalpell gefaltet. Eine einfache Operation, die meist keine Komplikationen verursacht – ganz anders als die operative Herstellung des als erstrebenswert empfundenen Sonnenblumenkerngesichts. Dieses Sonnenblumenkerngesicht schaute mich jedes Mal an, wenn ich den Fernseher einschaltete. Am Anfang wunderte ich mich, warum auf allen Sendern ständig die gleiche Moderatorin mit den elliptischen Gesichtszügen und dem langen spitzen Kinn zu sehen war. Später erfuhr ich, dass es verschiedene Frauen waren, die alle den gleichen, auf keilförmige Kinnpartien spezialisierten Schönheitschirurgen hatten.

Vieles von dem, was ich über das chinesische Schönheitsideal weiß, habe ich in einer Aufnahmeprüfung für das Masterstudium der Germanistik gelernt. Eine Aufgabe lautete, die Pros und Kontras zum Thema «Schönheitsoperationen» zu erläutern. Ich sollte den schriftlichen Teil der Prüfung korrigieren und bin im Nachhinein sehr dankbar dafür. Nie zuvor und nie danach habe ich so viel über die Gedankenwelt der chinesischen Studenten erfahren. Die Texte sprühten förmlich vor Einsichten und Weisheiten der ostasiatischen Denktraditionen. Es sind nicht nur die Hoch-Mädchen, an die in China hohe Anforderungen gestellt werden:

«Jede Frau, die nicht mit ihrer Oberfläche zufrieden ist, kann heutzutage eine Operation machen. Außerdem gibt es Berufe, die gutes Aussehen sogar verlangen: die Schauspielerin, die Luftschwester und die Sekretärin des Chefs. Eine hübsche Frau wird mehr Aufmerksamkeit bekommen als ihre normal aussehende Genossenschaft. Das schöne Gesicht im Spiegel hinterlässt einen guten Eindruck, und jeden Tag geht man selbstsicher aus dem Haus, und ein schöner Tag kommt.»

Doch auch die tragischen Konsequenzen eines missglückten Eingriffs wurden bedacht. Eine Studentin drückte es recht drastisch aus:

«Oft macht die Schönheitsoperation die Frau wirklich schöner. Viele Frauen sehen sich danach aber leider immer noch ähnlich. Manchmal ist die Konsequenz der Schönheitsoperationen auch, dass die Frau keine Schönheit bekommt, sondern umgekommen ist.»

Eine Studentin wies darauf hin, dass bei einer Operation lediglich oberflächliche Korrekturen vorgenommen werden:

«Noch schlimmer ist jedoch der Missbrauch des Vertrauens seines Partners. Ein Mann heiratet eine schöne Frau, und sie bekommen zusammen ein hässliches Kind. Erst dann merkt der Mann, dass die Frau ihn durch eine Operation betrogen hat, und verlässt die Frau.»

Das wäre wirklich ärgerlich: Wenn man am eigenen Kind feststellen muss, dass man mit Hilfe eines koreanischen Schönheitschirurgen übers Ohr gehauen wurde. Am besten hat mir aber die Weisheit gefallen, mit der ein Student seinen Kontra-Standpunkt zusammenfasste: «Schönheitsoperationen lehne ich ab. Der Charakter einer Person ist wichtiger als das Aussehen. Wenn jemand ein grausamer und böser Mensch ist, dann ist sein Charakter auch nach der Operation immer noch hässlich. Die Schönheit von dem Herzen ist viel wichtiger als von dem Gesicht.»

Chinesisch für Langnasen

8 An der «Ocean University» in der ehemaligen deutschen Kolonialstadt Qingdao belegte ich in den Sommerferien einen Chinesisch-Intensivkurs. Die Qingdaoer sind auf uns Deutsche insgesamt recht gut zu sprechen. Vielleicht liegt es daran, dass die deutschen Kolonialherren den Chinesen eine Weile im Kampf gegen die Japaner beigestanden haben. Denn viele Chinesen mögen die Japaner überhaupt nicht. Als ich in einem Seminar einmal auf Japan zu sprechen kam, sagte eine Studentin freiheraus:

«Die Japaner, das sind unsere Feinde.»

Ich versuchte noch, sie zu einer etwas differenzierteren Meinung zu bewegen, aber sie war sich da sehr sicher. Wir Deutschen stehen sehr viel besser da. Sehr beliebt ist etwa die Ingenieurkunst «Made in Germany». In Qingdao erzählt man sich eine Geschichte, die die Bewunderung der Chinesen für Langlebigkeit und Verlässlichkeit der teutonischen Wertarbeit auf den Punkt bringt. Deutsche Ingenieure hatten in Kolonialzeiten dafür gesorgt, dass die Stadt ein modernes Kanalisationssystem bekam. Noch heute sollen die Kanäle der Deutschen deutlich weniger reparaturbedürftig und störanfällig sein als die später von der chinesischen Stadtverwaltung gebauten Leitungen. Als es aber eines Tages, die Deutschen hatten die Stadt längst verlassen, doch einmal ein Problem mit ihrer Abwasseranlage gab und ein Reparaturtrupp in der Kanalisation nachforschte, staunte man nicht schlecht. Die deutschen Ingenieure hatten dort vorsorglich die passenden Ersatzteile deponiert. Der Schaden konnte einwandfrei behoben werden. So besagt es zumindest die Legende.

Aus Qingdao stammt auch das bekannteste chinesische Bier, das Tsingtao, und jedes Jahr findet hier das größte chinesische Bierfest statt, eine Adaption des Münchner Oktoberfests. Die deutsche Bierkultur haben die Chinesen jedoch ein wenig verfremdet. Eine Besonderheit, die sofort auffällt, ist die Tatsache, dass viele ihr Bier gern in Plastiktüten kaufen – direkt in der Tüte. Mir ist nie ganz klar geworden, warum man hier sein frisch gezapftes Bier in durchsichtigen Plastiktüten durch die Gegend schwappt, aber irgendeine Erklärung wird es schon geben.

Ansonsten ist Qingdao eine von gesichtslosen Hochhausfassaden dominierte Millionenstadt, wie es sie in China häufig gibt. Ein paar alte Gassen sind dem Modernisierungswahn noch nicht zum Opfer gefallen, eine Strandpromende ziert das Zentrum, und die Kolonialbauten in der Altstadt erinnern an jene Zeiten, in denen der weiße Mann hier noch das Sagen hatte. Die Strände sind, abgesehen von der alljährlichen Algenpest, verhältnismäßig sauber. Das allgemeine Strandverhalten der Chinesen war allerdings ein wenig überraschend. Sie drängten sich in lärmenden Knäulen auf einem winzigen Fleck. Der gesamte Strand war leer, und nur an einer einzigen Stelle tobte das Leben. In alter Gewohnheit suchten die chinesischen Badegäste wohl die räumliche Enge.

Ansonsten ging es züchtig zu an diesen Stränden. Die Chinesinnen trugen Badeanzüge, an die ein kurzer Mini-Schwimmrock genäht war, damit ja nicht zu viel Bein zum Vorschein kam. Um die empfindliche Haut vor der Sonne zu schützen, zogen sich einige Frauen am Strand eine Art Ski-maske über. Sie sahen dann aus wie eine Gruppe Minirock tragender Bankräuberinnen beim Betriebsausflug. Über-troffen wurde das eigentlich nur noch von den Mitfünfziger-Männern, die mit Schwimmflügeln und Gummienten durch das seichte Wasser schipperten.

Weil das chinesische Strandleben nicht viel hergab, lernte ich wie besessen Chinesisch. Ich hatte erst vor einigen Mo-naten im Selbststudium damit begonnen, wurde aber den-noch dem Fortgeschrittenen-Kurs zugeteilt. Bei einem Ein-stufungstest zu Beginn sollte man eine kurze Schriftprobe abgeben. Ich war von meinen Studenten kurz zuvor gebeten worden, für einen sogenannten Kulturabend ein Tang-Ge-dicht einzustudieren, damit man sich, wie ich nachher fest-stellen musste, über meine putzige Aussprache amüsieren konnte. Im Einstufungstest schrieb ich dieses Gedicht des mondsüchtigen Tang-Dichters Li Bai fast fehlerfrei nieder. Im Fortgeschrittenen-Unterricht verstand ich in der Folge so gut wie nichts. Meine Klassenkameraden waren allesamt Koreaner und Japaner, die seit der Grundschule Chinesisch lernten. Die anderen Langnasen waren in den unteren Klas-sen gelandet. Sie hatten bei der Schriftprobe «Ni Hao» und «Nali, Nali» geschrieben – was in etwa auch meinem Niveau entsprach.

Mit Dan und Jimmy, zwei Jungs aus Kentucky, die man sich besser beim Spring Break vorstellen konnte als in China, verbrachte ich aufgrund der Kommunikationsschwierigkeiten mit den Koreanern und Japanern meine unterrichtsfreie Zeit. In den ersten Tagen lernten die beiden genau zwei chinesische Ausdrücke: «Hanbaobao» und «Duibuqi». «Hanbaobao» bedeutet «Hamburger», und «Duibuqi» heißt «Verzeihung». Damit kamen sie ganz gut zurecht, und sie gaben sich die größte Mühe, diese Worte nicht wieder zu vergessen. Als Jimmy in einem Einkaufszentrum eine ältere Dame anrempelte, entschuldigte er sich versehentlich mit «Hanbaobao!», was ich sehr komisch fand, auf die ältere Dame aber ein wenig befremdlich wirkte.

Im Wohnheimzimmer meiner hiesigen Unterkunft hatte ich einen Fernseher, und immer wenn ich ihn einschaltete, ging es irgendwie ums Heiraten. Besonders auf dem Regionalsender. Qingdao ist die chinesische Hauptstadt des Heiratens. Zahllose Hochzeitsfotografentrupps ziehen dort mit Frauen in weißen Brautkleidern und Männern in strassbeklebten Anzügen über die Strände und setzen die barfüßigen Pärchen vor malerischen Sonnenuntergängen in Szene. Die Männer tragen die Handtaschen der frisch frisierten Damen hinter sich her und lassen sich von den Fotografen und den geschäftig wirkenden Bräuten durch die Gegend kommandieren. Nur wenn der Fotograpf «Qiezi», also «Aubergine», das chinesische Wort für «Cheese», ruft, dann knipsen die Frauen ein mildes Lächeln an.

Gott, ist das kitschig, dachte ich damals. Lächerlich. Welcher erwachsene Mann würde sich denn für so etwas hergeben? Eine Schande für das männliche Geschlecht!

Ja, wie konnten Männer sich für so etwas hergeben? Ich verstand es einfach nicht. Ich verstand so einiges nicht.

Auch in den Texten, die wir in der Sprachschule lasen, ging es oft um Partnerwahl. Selbst wenn es mir gelang, die wörtliche Übersetzung in mühevoller Kleinarbeit zu erknobeln, stand ich vor großen Rätseln. Als Beleg hier meine Übersetzung eines originalen Dialogs aus dem Lehrbuch, das wir damals benutzten:

«Ich möchte gern dein rotes Mädchen sein»

Eines Abends besucht Wan Huan seinen Freund und Kollegen Gao Shan im Wohnheim.

Wang Huan: Mach doch mal das Fenster auf! Es ist ja total verqualmt hier.

Gao Shan: Du kommst gerade richtig. Ein Freund hat mir eine Schachtel guter Zigaretten geschenkt. Probier eine!

Wang Huan: Nein, danke. Ich rauche nicht mehr.

Gao Shan: Hast du das Rauchen aufgegeben?

Wang Huan: Ja, es ging nicht anders. Meine Freundin hat es verboten.

Gao Shan: Ich würde auch gern mit dem Rauchen aufhören. Aber wie soll ich das nur machen?

Wang Huan: Ich bin nicht nur deinetwegen hier. Ich möchte dein «rotes Mädchen» sein und dir jemanden vorschlagen, der dir das Rauchen verbieten kann.

Gao Shan: Echt? Das wäre ja wundervoll.

Wang Huan: Ich habe Bilder von der Dame dabei. Guck mal! Wie findest du sie?

Gao Shan: Sehr hübsch. Wer ist sie?

Wang Huan: Das ist eine Kollegin von meiner kleinen Schwester. 23 Jahre alt. Hochschulabschluss. Übersetzerin in einem Touristikunternehmen. 1,60 Meter groß. Gute Noten und keine körperlichen Beschwerden.

Gao Shan: Du bist zu gut zu mir. Ich habe jedoch große Angst, dich zu enttäuschen.

Wang Huan: Mach dir keine Sorgen. Wenn sie passt, trink ich den Hochzeitsschnaps, und wenn nicht, vermittle ich dir eine andere.

Wang Huan ist bekannt für sein gutes Herz. In seiner Arbeitseinheit hat er schon vielen Menschen geholfen. Durch seine Hilfe konnten viele Ehen geschlossen werden. Die Frauen von Lao Zhang und Xiao Li hat er besorgt. Alle mögen ihn. Er wird «liebes rotes Mädchen» genannt. Manche nennen ihn auch «Leiter der Abteilung Eheplanung». Manch einer fragt sich: «Warum nur hat der liebe Wang Huan ein Interesse am Eheleben anderer Leute?» Wang Huan antwortet dann: «Für die Menschen interessiere ich mich eigentlich gar nicht. Ich trinke gerne Schnaps.»

Warum hat Wang Huan Fotos von der Arbeitskollegin seiner Schwester dabei? Woher hat er die? Ja, warum hat Wang Huan dieses seltsame Interesse am Eheleben anderer Leute? Gibt es keinen einfacheren Weg, an Schnaps zu kommen? Und was um Himmels willen ist ein rotes Mädchen?

Es sollte Jahre dauern, bis dieser Dialog für mich einen Sinn ergab.

Die chinesische Sprache ist manchmal wie ein kultureller Da-Vinci-Code, ein figurativer Bildersturm, ein metaphorisches Mekka, eine Oase der Analogien. Viele dieser Vergleiche sind wunderschön, aber andere sind schief wie die Zähne von Franck Ribéry. Die Geliebte eines Mannes wird als «zweite Brust» bezeichnet. Der Geliebte einer verheirateten Frau hingegen ist das «kleine Weißgesicht». Wenn man betrogen wird, trägt man eine grüne Mütze, und wenn man zu spät zu einer Verabredung kommt, dann hat man eine «Taube freigelassen». Der Grund für diese Ausdrücke erschließt sich nicht immer, aber sie machen die Sprache bunter.

Manche Körperteile hingegen tragen Namen, die praktischerweise gleich zu erkennen geben, worum es sich handelt. Die Wade wird als «Beinbauch» bezeichnet, der Kopf ist eine «Gehirntüte», das Lid ganz einfach die «Augenhaut». Und wie könnte man den menschlichen Hintern besser bezeichnen als mit dem schönen Wort «Furzschenkel»?

Noch bildlicher sind eigentlich nur die Schriftzeichen. Um Tausende von Zeichen mit ihrer jeweiligen Aussprache zu behalten, muss man schon ein echter Gedächtniskünstler sein. Bei allen anderen helfen nur pures Pauken und haufenweise Tricks und Kniffe. Mit ein wenig Glück übersteigt dann die Menge der neu gelernten Zeichen die der vergessenen und verfluchten. Mir gelang das unter anderem durch die Konstruktion höchst komplexer Brücken, über die ich ganze Herden gedanklicher Esel scheuchte. Zum Beispiel besteht das Zeichen für «tief» aus drei Dingen, die sehr tief sein können. Aus dem «Wald», aus der «Höhle» und aus dem «Wasser». Das Zeichen für Tee ist wie ein «Mann», der einen Hut aus «Stroh» und Schuhe aus «Holz» trägt. Wenn man sich erst mal auf diese Logik eingelassen hat, dann muss man nur noch all die anderen Zeichen lernen, die vollkommen beliebig zusammengesetzt sind.

Die bildlichen, die ikonischen Zeichen sind etwas leichter. Ein Berg 山 sieht ein bisschen aus wie ein Berg, ein Netz 网 ähnelt einem Netz. Die Sonne 日 ist etwas zu eckig geraten, aber wenn sie über dem Horizont aufgeht, dann wird es Morgen 旦. Wie glücklich und froh war ich doch, wenn ich auf der Straße das Zeichen für Fle ischspieße 串 entdeckte. Und wie genial war es, dass die Chinesen dem Rest der Welt nicht nur die Piktogramme für konkav 凹 und für konvex schenkten, sondern gleich noch die Voraussetzung für Millionen und Abermillionen zufriedener Tetris-Spieler schufen.

Inzwischen habe ich die standardisierte Staatsprüfung immerhin auf der zweithöchsten Stufe mit sehr guten Ergebnissen bestanden. Das ist so etwas wie der rot-weiße Gürtel im modernen Mandarin. Und noch immer staune ich über die Komplexität dieser Sprache. Über die Vielfalt der Dialekte, die Poesie der Worte und den Klang der Laute.

Die chinesische Sprache ist wie eine schöne Frau, man muss sein ganzes Leben etwas dafür tun, damit sie bei einem bleibt. Die jungen Chinesen zum Beispiel, die nach der Ausbildung fast nur auf dem Computer und dem Smartphone herumtippen und ständig Lautschrift eingeben, können manchmal kaum noch mit der Hand schreiben. Ich war sehr erstaunt, dass der außerordentlich sprachbegabte Dekan Wang Hui, der vielleicht etwas zu lange in Deutschland gelebt hatte, schon erste Defizite entwickelt hatte. Ich fragte ihn, wie man das Zeichen für «Brücke» schreibt; ein sehr einfaches Zeichen. Minutenlang malte er Strichfolgen an die beschlagene Fensterscheibe eines Taxis und kam doch nicht auf die richtige. Im Fernsehen sah ich einmal eine junge Filmdiva, die in einer Gameshow das chinesische Wort für «Salz» nicht auf eine Papptafel schreiben konnte. Sie hatte es einfach vergessen. Der Gedanke, dass auch Chinesen dieses Problem plagt, beruhigt mich manchmal ein wenig.

Am meisten macht mir bis heute das Tonsystem des Mandarin zu schaffen. In der chinesischen Sprache verändert sich die Bedeutung einer Silbe, wenn man sie auch nur ein kleines bisschen anders betont. Und auf diese Weise kann zum Beispiel die Silbe «ma» in den vier verschiedenen Betonungen entweder «Mutter», «Pocken», «Pferd» oder «schimpfen» heißen. So steht es vollkommen korrekt in vielen Büchern. Diese suprasegmentalen phonologischen Effekte können aber auch dazu führen, dass man sich nach dem «großen Scheiß» erkundigt, wenn man eigentlich nach der «Verteidigung der Abschlussarbeiten» fragen will. Das steht nicht in den schlauen Büchern. Und es steht auch nicht in diesen Büchern, dass man aufpassen muss, wenn man wissen möchte, ob es in Beijing «Pandabären» (gesprochen xiongmao; zweiter Ton – erster Ton) gibt. Chinesen sind sehr höflich, und man merkt es ihnen vielleicht nicht sofort an, aber sie werden sich schon ein wenig wundern, wenn man unvermittelt danach fragt, ob die Menschen in Beijing denn auch «Brustbehaarung» (gesprochen xiongmao; erster Ton – zweiter Ton) haben.

Eines Tages, ich war sehr stolz, sagte ich mein chinesisches Tierkreiszeichen auf Mandarin. «Tuzi» heißt Hase. Im vierten Ton.

Dummerweise sprach ich es aber im ersten Ton und nicht im vierten.

«Ich bin ein Glatzkopf», informierte ich die Chinesen.

«Das sehen wir», antworteten sie.

Toll, dachte ich mir. Die können einem an der Nasenspitze ansehen, welches Sternzeichen man ist.

Die chinesische Sprache ist ein ewiger Quell nie enden wollender Missverständnisse und einer der wichtigsten Gründe dafür, dass viele Chinesen Ausländer für sehr seltsame Wesen mit wenig Kopf- und viel Brustbehaarung halten.

Goldene Wochen

9 «Mann, haben die dolle Straßen hier!»
Mein Vater war fasziniert. Ein eigentümliches Phänomen, das ich bei fast jedem Chinabesucher feststellen
konnte, war das unverhältnismäßige Interesse an genau
einem ausgewählten Aspekt der fremden Kultur. Bei meinem Vater war es der Straßenbau. Wir schnurrten in der
schwarzen Uni-Limousine über die Autobahn.

«Und ich dachte immer, die ziehen dich hier in Rikschas
über staubige Sandpisten.»

«Das ist wohl schon eine Weile her», sagte ich von der
Rückbank, woraufhin meine Mutter mich streng ansah.

«Ein Skandal ist das. Bei uns in Stormarn kann man bald
Pool-Partys in den Schlaglöchern feiern. Und hier schnurrt
man nur so über die Straßen.»

Ganz unrecht hatte er damit nicht. Im Vergleich zu
China, wo die Straßen fast überall so aussahen, als wäre der
Asphalt vor wenigen Minuten erst getrocknet, kam man

sich auf einigen Stormarner Landstraßen inzwischen fast so vor wie zu Zeiten der ersten Postkutschen. Und wenn uns auf der Überholspur der Autobahn nach Tianjin nicht hin und wieder eine spazieren gehende Greisin samt Ziege oder ein schwer bepackter Wanderarbeiter entgegengekommen wäre, hätte man fast glauben können, China sei seit je das modernere Land.

Meine Eltern waren seit kurzem im Ruhestand und hatten beschlossen, bei ihrem Jüngsten in der Ferne vorbeizuschauen. Eine großartige Idee, wie ich fand. Gerade in China, dem Land, in dem «Xiaoshun», die Elternliebe, die tragende Säule der Gesellschaft ist, freut man sich doch gleich doppelt. Drei Wochen wollten sie bleiben, eine Woche in Tianjin, eine Woche in Beijing, und für die dritte planten wir einen Abstecher nach Shanghai. Es war die «goldene Woche», und ich hatte wie jeder Chinese frei. Alles war vorbereitet, aber zwei größere Probleme galt es noch zu lösen. Das erste war das «goldene Problem». Weil in der ersten Oktoberwoche jeder Einzelne der 1,3 Milliarden goldigen Chinesen freihatte, waren Bahn- und Flugtickets zu dieser Zeit das, was man früher «Bückware» genannt hätte. Ich erfuhr, dass es Tage gab, an denen man sich anstellen musste, um herauszufinden, an welchen Tagen man für bestimmte Orte die Bahntickets kaufen konnte. Das zweite Problem bestand darin, dass ich wie alle Chinesen nur in der «goldenen Woche» freihatte und meine Eltern somit nicht in Beijing herumführen konnte. Ich rief aus dem Taxi meinen pumucklköpfigen Vorgesetzten an.

«Hallo! ...?», sagte ich.

«Hallo. Wer ist denn da?», fragte Wang Hui.

«Na, rate mal.»

«Keine Ahnung.»

«Der Weihnachtsmann.»

«Jetzt schon?», fragte er. «Was kann ich für dich tun?»

«Du weißt doch, dass meine Eltern mich besuchen. Könnte ich eventuell nächste Woche einige Kursen verschieben und mit ihnen nach Beijing fahren?»

«Nee, kannst du nicht.»

«Aha.»

«Aber Anja Wu, du erinnerst dich an sie, oder?»

«Ja.»

«Sie kann doch deine Eltern in Beijing herumführen. Sie kennt sich da auch viel besser aus. Wie wäre das?»

Ja, wie wäre das? Ich überlegte kurz, ob ich meinen Eltern einen ungefilterten Kulturschock zumuten konnte.

«Würde sie das machen?», fragte ich. «Hat sie denn keine Seminare?»

«Doch, aber ich befreie sie vom Unterricht. Das ist kein Problem. Ich bin ja hier der Dekan. Sie hat sehr gute Noten, und ihr Deutsch ist auch gut.»

«Na gut. Machen wir das doch so. Wir telefonieren dann noch mal, ja?»

«Ja, machen wir. Auf Wiederhören, Herr Weihnachtsmann.»

Meine Eltern hatten das ganze Gespräch mitangehört.

«Wer war denn das?», fragte meine Mutter.

«Der Dekan der Deutschabteilung der Nankai-Universität», sagte ich.

«Aber wie redest du denn mit einem Dekan?»

«Der ist total nett», sagte ich und sah aus dem Fenster. Vor meinen Augen streckten die ersten grauen Wohntürme von Tianjin ihre Dächer aus dem milchigen Nebel.

«Ihr habt übrigens nächste Woche eine Reiseführerin. Sie heißt Anja Wu, und sie ist ein mongolisches Wildpferd.»

Und so nahm das Schicksal seinen Lauf. In der ersten Woche spielte ich die ungewohnte Rolle des China-Erklärbären, und in der zweiten übernahm das Fräulein Wu diesen Part.

Die Tage mit meinen Eltern waren eine willkommene Abwechslung; besonders mein Vater in seiner Art, die Existenz von fremdkulturellen Eigenheiten eher zu irgnorieren, sorgte für Unterhaltung. Auch beim Essen ist er hanseatisch: konservativ und tolerant. Spaghetti bolognese zählt für ihn bereits zu den exotisch-extravaganten Speisen, die man essen kann, aber nicht muss, wenn stattdessen Grünkohl oder Labskaus verfügbar ist. Vor vielen Jahren haben mein Bruder und ich ihn einmal überreden können, zu einer dieser neumodischen Frikadellenbratereien zu gehen. Spätestens als er Bratkartoffeln zu seinem Burger bestellte und die Soße des MacRib umständlich oben auf das Brötchen quetschte, bereuten mein Bruder und ich diese Idee.

«Warum haben denn die Chinesen überall das Bild von dem ollen Walter Ulbricht angebracht?», fragte er mich noch auf der Fahrt durch Tianjin.

Meine Mutter fand heraus, was er meinte. Wir mussten ihm recht geben: Der spitzbärtige Gründer von «Kentucky Fried Chicken» sah tatsächlich ein wenig so aus, als hätte er die Absicht, eine Mauer zu errichten.

Am ersten Tag des Aufenthalts meiner Eltern hatten wir «Jet-Let», wie mein Vater es nannte.

Am zweiten Tag gingen wir in ein buddhistisches Restaurant, in dem es ausschließlich vegane Gerichte gab, die von Mönchen nach uralten Rezepten zubereitet wurden. Ein deutscher Sinologe, der seit vielen Jahren in Tianjin lebte, zeigte es uns. Des Chinesischen mächtig, hatten ihm Schlagzeilen wie «Erneut Rattenfleisch in Tianjiner Lammspießen entdeckt» oder «Gefälschter Hammelgeschmack durch Katzenurin» den Appetit auf Fleisch verdorben, und er wurde Sino-Vegetarier. Er kannte sich hervorragend mit den buddhistischen Speisen aus, die Fleisch- und Fischgerichten täuschend echt nachempfunden sind.

Mein Vater, der seinem Vortrag über die buddhistischen Kochkünste nicht recht zugehört hatte, sagte am Ende des veganen Festmahls: «Ja, das war gar nicht verkehrt, dieses buddhistische Zeug. Nicht so gut wie das Essen deiner Mutter.» Meine Mutter lächelte geschmeichelt. «Aber für meinen Geschmack sind die Mönche hier ein bisschen sehr knausrig mit dem Fleisch.»

Am dritten Tag kaufte meine Mutter die halbe Jahresproduktion einer touristischen Jadefabrik auf.

Am vierten Tag stellten wir fest, dass die grüne Farbe der Jade abfärbte, und wir bezweifelten deren Echtheit.

Am fünften Tag sahen wir uns die alte Kulturstraße an, die roten Lampions und die verwinkelten Tempelchen. Wir kauften einen Drachen aus Papier und ließen über dem Fluss eine sogenannte Kong-Ming-Laterne, eine Art Teelicht-Heißluftballon, steigen.

Am sechsten Tag zeigte ich meinen Eltern den Campus. Wir nahmen an der Generalprobe für einen deutschen Redewettbewerb teil. Die Beiträge zum Thema «Dankbarkeit» begannen etwa so: «Unsere Eltern haben uns erzogen und sich um uns gekümmert, als wir klein waren. Darum müssen auch wir gut zu ihnen sein und sie lieben.» Das gefiel meinen Eltern.

Am siebten Tag kam Anja.

Sie holte meine Eltern ab und sagte mir, ich solle mir keine Sorgen machen. Dann überreichte sie mir eine Sido-CD, die sie auf dem Ramschmarkt in einer Importkiste entdeckt hatte. Die könne ich ja hören, wenn mir langweilig sei.

«Ich habe mir ein paar dieser Lieder angehört», sagte sie. «Ist nicht mein Geschmack.»

Kurz darauf verfrachtete Anja meine Eltern in ein Taxi und diskutierte, von wilden Gesten begleitet, mit dem Taxifahrer. Bevor das Taxi um die Ecke bog, winkte sie mir noch einmal zu.

Fünf Tage später waren die drei von der Reise zurück. Gut gelaunt kamen sie am Bahnhof an, wo ich sie abholte. Mein Vater berichtete mir umgehend von Anjas beeindruckenden Kenntnissen in europäischer Geschichte. Heiliges Römisches Reich Deutscher Nation. Friedrich der Große. All das kannte sie. Das ist ja geradezu unheimlich, wie viel die Chinesen in so kurzer Zeit lernen. Nur mit dem Datum «1516» konnte sie nicht viel anfangen, beanstandete er. Wie könne man denn dieses historische Datum im Unterricht übergehen?

«Wovon redet er?», fragte ich Anja.

«Sag bloß, du weißt das auch nicht?»

Nein, ich wusste es nicht.

«Es war der Beginn einer neuen Epoche.» Anja zwinkerte meinem Vater zu. «Die Formulierung des deutschen Reinheitsgebots. Ziemlich ungebildet, dein Sohn.»

Am Abend, als wir zu dritt beim Abendessen saßen, fragte ich meine Mutter, wie es denn nun gewesen sei, in der Hauptstadt der Chinesen. Sie antwortete mit einer Gegenfrage.

«Sohn, wie alt bist du jetzt?»

«Kaum dreißig Jahr», antwortete ich. «Hast du das vergessen, der kalte Winter damals? Warum fragst du?»

«Ach, nur so. Ja, Beijing war schön. Die Verbotene Stadt, die Mauer. Und die Anja, die ist nett.»

«Ich weiß», sagte ich.

Meine staubige Konkubine

10 Beijing wollte mich. Nach einem Jahr in Tianjin wurde ich DAAD-Lektor in der Germanistikabteilung der Außenhandelsuniversität. Das Ziel des Deutschen Akademischen Austauschdienstes ist die Förderung der Auslandsgermanistik und der grenzüberschreitenden Wissenschaft. Somit war ich jetzt ein Teil der auswärtigen Kulturpolitik der Bundesrepublik Deutschland und ein bisschen auch ein offizieller Repräsentant der deutschen Kultur. Keine leichte Aufgabe. Aber ich war der Meinung, China und Deutschland hätten mehr auszutauschen als Plastikspielzeug und Präzisionsbohrköpfe. In Beijing unterrichtete ich auch «Interkulturelle Kommunikation» und widmete mich professionell dem «Clash of Civilizations». Auch hier kam es immer wieder zu kulturellen Frontalzusammenstößen, Massenkarambolagen und Geisterfahrten. Die Hälfte der Studenten ging nach dem Bachelor für einen Master in meine ferne Heimat, und ich gab mir die beste Mühe, sie darauf vorzubereiten.

Auf die Gewissenhaftigkeit, die sie dort erwartete, auf die Genauigkeit, die rechten Winkel in den Gedanken und die aufgeräumten Schreibtische, an denen sie entstanden. Aber auch die Neigung vieler Deutscher zum Stinkegesicht verheimlichte ich ihnen nicht.

Meine Beijinger Kollegen waren nett, aber Beijing ist nicht Tianjin, das wurde mir sehr schnell klar. Die Deutschabteilung meiner neuen Universität war viel größer, überhaupt war man in Beijing als Germanist längst kein Pionier mehr. An den traditionsreichen Universitäten haben Übersetzungs- und Geisteswissenschaften eine kilometerlange Geschichte. Es gibt deutsche Tagungen, Konferenzen, deutsche Ecken und Stammtische, gut ausgestattete Bibliotheken und eine DAAD-Außenstelle. In Tianjin war man als Deutscher und Germanist immer noch ein seltenes Gewächs und musste sich vieles erkämpfen, das in Beijing selbstverständlich war. Einmal, ich war noch neu in der Stadt, besuchte ich zusammen mit den Studenten das Beijinger Goethe-Institut und anschließend eine Theateraufführung in der Botschaftsschule.

«Kann ich bitte noch mehr Kartoffelsalat?», hörte ich dort ein rothaariges Kind zu seiner Mutter sagen.

«Und ich nehm noch ein Würstchen», ergänzte seine kleine Schwester.

Diese Kinderstimmen klangen für mich wie aus einer anderen Welt. Als hätte mein Unterbewusstsein sie hervorgebracht und nicht die wohlerzogenen Sprösslinge der Dame im Hosenanzug.

«Ja, ist gut», antwortete sie.

«Das sind doch Biokartoffeln, Frau Wiesenbacher», versicherte sie sich bei der Dame, die neben der Essensausgabe stand und daraufhin beruhigend nickte.

Ich hatte in Tianjin ein Jahr gebraucht, um eine Sorte Toastbrot zu finden, die nicht nach Sekundenkleber roch, und in Beijing diskutierte man über Biokartoffeln. Hier gab es deutsche Würstchen? In Tianjin gab es den «Goldenen Hans» – eine Erlebnisgaststätte, deren Interpretation des deutschen Essens eher ungewöhnlich war. Dort bat sicherlich niemand um Kartoffelsalat und Würstchen, dort hörte man Sätze wie: «Kellner, bring mal noch ein paar von den typisch deutschen Tintenfischspießen.»

Beijing forderte mich. Ich saß nun bei Botschaftsempfängen und musste mich an deutsche Tischsitten erinnern. Ich stand auf einer Party zusammen mit Karl Lagerfeld neben einer Eisskulptur und trank Champagner. Ich schlürfte Cocktails in Strandbars auf Hochhausdächern und fuhr überall mit dem Taxi hin. Ich leistete mir zwei Mal in der Woche einen privaten Fitnesstrainer, und eine Ayi putzte meine Wohnung. Ich wohnte in einer Art Penthouse im sechsundzwanzigsten Stock eines Hochhauses, das mehr Einwohner hatte als das gute alte Bumsberg insgesamt. Tag und Nacht öffnete mir ein bemützter Portier die Tür zum Treppenhaus. Ich hatte einen Plasmafernseher, in jedem Zimmer eine Klimaanlage, und mein Kühlschrank war gut gefüllt mit Importprodukten von «Jenny Lu», dem Expat-Ausstatter im Botschaftsviertel.

Durch mein «Westgehalt» kam mir auch die glitzernde Welt der chinesischen Shopping-Malls gar nicht mehr so unwirklich vor. In Tianjin erschlug mich noch der protzende Stolz der chinesischen Neureichen. Vom Ortsgehalt an den Fremdsprachenabteilungen der chinesischen Universitäten hatte ich meine täglichen Ausgaben bestreiten können. Ich bekam die Wohnung im Expertenheim, einen jährlichen Heimaturlaub und manchmal zusätzliche Prämien wie einen Sack Reis oder eine Zehn-Liter-Flasche Erdnussöl. Diese Form der Naturalienvergütung stammte aus der Zeit, als man sein Essen noch mit Lebensmittelmarken bezahlte. Die älteren Lehrer haben sich im Laufe der Jahre so sehr daran gewöhnt, dass sie lautstark protestieren, wenn jemand das Bonussystem abschaffen will.

Aber was, um Himmels willen, sollte ich mit zehn Litern Erdnussöl anfangen? Irgendwann fand ich heraus, dass man nur rechtzeitig bei der Verwaltung Bescheid sagte musste, um die Bonusvergütung aus einer Produktpalette auszuwählen. Von da an schickte mir die Universität einmal im Semester eine Palette Dosenpfirsiche. Damit war ich einverstanden.

Beijing zeigte sich am Anfang etwas abweisend. Die Stadt liegt geographisch denkbar ungünstig. Krachend-trockene Winter lassen die Lippen spröde werden, und stickig-heiße Sommer treiben Kinder zu Ikea, die dort im klimatisierten Showroom ihre Hausaufgaben machen. Wäre da nicht die lästige, aber notwendige Verteidigung gegen die aus dem Norden einfallenden Barbaren gewesen, wahrscheinlich wäre kein Mensch auf die Idee gekommen, hier eine Hauptstadt zu errichten.

Heute ist die Stadt voll von Glückssuchern und Wirtschaftsflüchtlingen aus der ganzen Republik. Die Wanderarbeiter, die Studenten, die «Beipiaos», die Gestrandeten, sie alle werden in der diesigen Luft mit dem Turbokommunismus chinesischer Prägung konfrontiert. Beijing ist die Stadt der Kader, korrupt und süchtig nach Macht und dem großen Geld. Es ist auch die Stadt der «Tuhaos». Diese zu Geld gekommenen Bauern sind omnipräsent. Ferraris, Lamborghinis und Zweitfrauen im pinkfarbenen Pelzmantel stehen ihnen und ihren verzogenen Nachkommen in großer Menge zur Verfügung.

Beijing ist die in Beton gegossene Demonstration des chinesischen Aufstiegs; und trotzdem mag ich diese Stadt. Nicht wegen der Großen Mauer oder wegen des Kaiserpalasts. Ich mag die Stadt, weil sie auch eine andere Seite hat – ein gutes Herz. Mitten im Zentrum gibt es noch immer die Hutongs, enge Gassen, zusammengebastelt aus alten Ziegelsteinhütten und verwinkelten Hinterhöfen. In den heißen Sommernächten sitzen die Männer auf der Straße und spielen Mahjong. Sie rollen ihre weißen Unterhemden hoch und klatschen sich zufrieden auf die beachtlichen Wohlstandsbäuche. Ihre Frauen fahren die Kinder mit Elektrofahrrädern zur Schule. Man sieht Eselskarren und selbst gebaute Gefährte auf den Stadtautobahnen. Und im Herbst kommen die Lastwagen mit den Kohlköpfen, die die Bauern einfach an Straßenecken zu einem großen Haufen aufschichten und verkaufen.

Beijing ist sehr jung. Die Jugend des ganzen Landes kommt aus den kleineren Städten und den ländlichen Regionen her. Am Anfang verdienen sie nicht genug, um sich eine eigene Wohnung leisten zu können, und nennen sich selbst «Yizu», die Klasse der Ameisen. Diese Ameisen leben mit zehn oder mehr Mitbewohnern zusammen in kleinen Wohnungen am Stadtrand, und es werden von Jahr zu Jahr mehr. Gründe dafür gibt es viele: die rasante Urbanisierung, die Reform des Bildungssystems, die steigende Zahl der Universitätsabsolventen und die explodierenden Wohnungspreise. Der wichtigste Grund für das Entstehen dieses jugendlichen Prekariats ist aber, dass der Lebensstandard in ihrer Heimat nicht annähernd an den der großen Metropolen heranreicht. Die politischen und wirtschaftlichen Zentren, allen voran Beijing und Shanghai, haben die anderen Regionen in der Entwicklung abgehängt. Fast jeder,

der etwas aus seinem Leben machen möchte, zieht dorthin. Längst gibt es nicht mehr genug Arbeit für alle. Und trotzdem kommen sie, weil sie teilhaben wollen am Boom der Metropolen. Das führt dazu, dass in den kleineren Städten die gut ausgebildeten jungen Leute fehlen – ein Teufelskreis.

Anarchistisch ist sie, diese Stadt. Trotz des Kontrollwahns der Politik gedeiht der ungeordnete Widerstand besonders gut. Es gibt schlaksige Punks, schwarzafrikanische Drogendealer, am Straßenrand wird gegrillte Lammkeule gegessen, und es gibt diesen Mann, der am Wochenende mit seiner Gans spazieren geht. Solche radikalen Akte der Unberechenbarkeit inmitten der sozialistischen Architektur der Macht sind es, die Beijing lebenswert machen. Die Beijinger «Laobaixings», die «einfachen Menschen mit den hundert Namen», die so heißen, weil man ihnen die gebräuchlichsten Familiennamen zuschreibt, leben nach dem Motto: «Kontrolliert ihr da oben ruhig den ganzen Zirkus, wir machen hier einfach weiter unser Ding.»

Als ich nach Beijing kam, gab es wegen der Olympischen Spiele eine Art Kampagne zur Domestizierung der Ureinwohner. Hundertschaften von älteren Damen, bewaffnet mit Armbinden und Absperrbändern, versuchten, bei McDonald's und an Bushaltestellen ordentliche Menschenschlangen zu erzeugen. Denn selbst wenn man wollte, war damals das Schlangestehen unmöglich. Es gab einfach keine Schlange. Es gab nur verwuselte Knäule aus Ellenbogen und Händen, die mit Geldscheinen wedelten und wirbelsturmartige Effekte erzeugten. Am schlimmsten war es, wenn man ein Bahnticket kaufen wollte: Rugby für Fortgeschrittene.

Diese besondere Form der Beijinger Anarchie verschwand tatsächlich im Laufe der Jahre. Aber wenn der

Taxifahrer das Fenster herunterkurbelt, lautstark die Nase hochzieht und daraufhin so aus dem Fenster rotzt, dass es von außen an die hinteren Scheiben flatscht, dann weiß man auch heute noch: Es ist die Hauptstadt der Chinesen. Wie Dingding sagen würde: «Leb damit!»

Beijing ist lustig. Ein absolutes Highlight waren für mich die Pandabären im Zoo. Es hat mich nie gestört, dass der letzte echte chinesische Panda im Jahr 1978 an Nierenversagen gestorben war. Man befürchtete damals, dass der Verlust des Nationaltiers sich negativ auf die Volksgesundheit auswirken könnte. Die kommunistische Partei fand eine Lösung und beschloss kurzerhand, kleinwüchsige Menschen einzustellen, die seitdem im Pandakostüm in den Gehegen hocken. Das funktioniert bestens. Einige von ihnen wurden später sogar an ausländische Zoos vermittelt, wo sie im Auftrag der Regierung hochbrisante Spionageaufträge erfüllten. Auch die Tatsache, dass ausländische Zoos große Schwierigkeiten mit der Zucht haben, lässt sich damit erklären ...

Moment, kann das stimmen?

Eher nicht. Es ist eine der Nachrichten, die ein Beijinger Stadtmagazin regelmäßig unter der Rubrik «Lügen für Touristen» verbreitet. Ich habe dort sehr schöne Anekdoten für den Hausgebrauch des Sinophobikers gefunden. Und manchmal erfinde ich selbst Nachrichten über Beijing, meine staubige Konkubine: Seit kurzem werden bei Starbucks in der Wangfujing-Straße Hundefleischsandwiches mit Rucola verkauft. Echt wahr!

Die heutigen Barbaren

11 *«Die heutigen Barbaren sind anders als die früheren Barbaren; sie haben ebenfalls eine Zivilisation von 2000 Jahren.»* Dieser Satz soll von Kuo Sung-tao stammen, dem ersten Gesandten Chinas in Großbritannien. Und er trifft auch heute noch zu. Die meisten Ausländer, «Laowais», wie sie in China genannt werden, wollen etwas unternehmen. China ist kein Ort, um die Seele baumeln zu lassen. Dafür gibt es andere Länder. Wer es nett und beschaulich haben möchte, der wird es in den Großstädten nicht lange aushalten. Man macht keinen Strandurlaub im Industriehafen. China ist kein Ponyhof, kein ökologisches Landgut und keine Wellnessoase.

Das Land ist eine existenzielle Herausforderung. Und nicht an alles kann man sich gewöhnen. Das größte Problem beim interkulturellen Miteinander ist ja nicht, dass man über die andere Kultur zu wenig weiß. Die wirklichen Probleme entstehen immer dann, wenn man verstanden hat, wie es läuft, es aber unter keinen Umständen akzeptieren kann. Einige der Zugereisten werden im Laufe der Zeit zu Chinahassern, zu wahren «Drachentötern», andere zu «Pandaknutschern». Sie bezeichnen sich als «Ei»: außen weiß, innen gelb.

Ausländern bieten sich in China interessante Einnahmequellen. Ein Belgier erzählte mir, dass er gelegentlich Koffer unbekannten Inhalts mit dem Flugzeug durch die Welt transportierte. Ein Kanadier, den ich auf dem Tennisplatz kennenlernte, ließ in einer Fabrik unweit von Beijing Erwachsenenspielzeug produzieren. Ansonsten lebte er mit seiner Frau in einer luxuriösen Wohnung und beschäftigte sich hauptsächlich damit, Geld auszugeben.

Auch Gérôme, ein Franzose, hatte seine Nische gefunden. Er moderierte eine Sendung im chinesischen Fernsehen und trat als Repräsentant eines Autohauses auf. Gérôme, verbrachte seine Freizeit im Fitnessstudio, und auf seiner Visitenkarte nannte er sich «französisches Modell». Er sieht ein bisschen aus wie Miroslav Klose, und vielleicht war das auch der Grund für seinen Erfolg. Seine lukrativste Rolle war die des katholischen Priesters auf den Hochzeiten von chinesischen Neureichen. In China werden regelmäßig männliche Kaukasier gebraucht, die den Pfaffen mimen. So eine exotische Hochzeit ist in Beijing seit einiger Zeit schwer in Mode, und was auf Erden verschafft dem Ausrichter einer Westhochzeit mehr «Gesicht» als ein durchtrainierter Zeremonienmeister, der einem deutschen Fußballprofi ähnelt?

Vielleicht war die Gelegenheit, so viele verschiedene Rollen spielen zu können, der Grund, warum ich in China diese besondere Leichtigkeit des Lebens empfunden habe. In Deutschland wird erwartet, dass Ausländer sich an die deutschen Sitten und Gebräuche anpassen. Das klappt dann mehr oder weniger gut. Die meisten Chinesen hingegen gehen davon aus, dass es für einen Laowai vollkommen unmöglich ist, die Sitten und Gebräuche ihrer Kultur wirklich zu verstehen. Sie sind fest davon überzeugt, dass die Zugehörigkeit zu ihrer Kultur nur durch Erziehung und absolute Identifikation mit dem Heimatland entsteht. Und dafür ist es bei den zugewanderten Barbaren einfach schon zu spät.

Als Ausländer in China hat man daher so manche Freiheit in der Interpretation seiner Rolle als Randfigur: Mal ist man der Hofnarr, mal der Querdenker und hin und wieder der Missionar. Aber immer wieder gern auch ein Wilder und Barbar.

Ein kleines bisschen werden die Fremden auch bewundert. Heimlich, nicht öffentlich. Bei vielen Chinesen spürt man einen Minderwertigkeitskomplex in Bezug auf den Zustand ihres Landes. Von außen wird China gern als aufsteigende Supermacht, als kraftstrotzender Global Player gesehen. Wenn man den Chinesen das erzählt, dann lachen sie und sagen, dass das eine komische Supermacht sei, in der viele Einwohner noch nicht einmal eine Toilette im Haus haben, geschweige denn eine Klimaanlage. Die meisten Chinesen, die ich kennenlernte, fühlten sich eher als die Schmuddelkinder des Planeten, als ein Volk von armen Schluckern, die nicht aus Stärke handelten, sondern aus Schwäche.

Wenn sie sich umsehen, erblicken sie ein Land, in dem Menschen sich in Lumpen kleiden und den kargen Boden mit bloßen Händen beackern. Noch immer leben so viele Bauern von der Hand in den Mund, dass die Vorstellung abwegig erscheint, ernsthaft in politischen Weltmachtfragen mitreden zu können. In den Köpfen vieler Chinesen ist ihre Heimat ein Land, das zwar schon immer zum kulturellen Zentrum der Welt bestimmt war, das aber im derzeitigen Zustand darum kämpfen muss, nicht wieder Spielball fremder Mächte zu werden. Viele Chinesen träumen den Traum der glorreichen Zukunft ihres Landes und erinnern sich an Zeiten, in denen man mit Fremden nur dann verkehrte, wenn sie sich zuvor zum Kotau in den Staub geworfen hatten. Dass diese Zeiten allerdings schon bald wiederkommen werden, daran glauben die wenigsten.

Das Jahr in Beijing verging schnell. Der Job machte mir noch immer Spaß und füllte mich aus. «Ich glaube, das wäre etwas für Sie», hatte mein Professor damals gesagt, und er hatte recht behalten.

Körperlich ging es mir nicht immer gut. Beijing ist bekanntlich kein Luftkurort, und im Laufe der Zeit entwickelte ich einen pseudokruppartigen Husten.

Ein deutscher Arzt, der mich in den Semesterferien abhörte, fragte mich: «Haben Sie Asthma?»

Ich verneinte und atmete weiter krächzend ein und aus.

Erneut hielt er sein Stethoskop an meinen Brustkorb.

«Sie haben Asthma», sagte er.

Von da an spielte ich in meiner Penthouse-Wohnung jeden Morgen lustiges Asthmatiker-Bingo. Das ging so: Ich öffnete den Vorhang und betrachtete die aktuelle Schattierung der gelben Suppe, die nur mit Wohlwollen den Namen «Luft» verdiente. Sah man die Häuser auf der anderen Straßenseite noch? Konnte man eventuell sogar die Umrisse der Sonne ausmachen? Oder erkannte man wieder einmal die eigene Hand vor Augen nicht?

Dann schätzte ich fachmännisch den Feinstaubwert und schrieb die Zahl auf einen Zettel, um mich anschließend über die Angaben auf der Internetseite der chinesischen Regierung zu amüsieren. Was waren die kommunistischen Knalltüten doch für Spaßvögel! Die offiziellen Werte waren immer im grünen Bereich, wenngleich man die Skala, die bei «gesundheitsschädlich» endete, eigentlich um die Stufe «gesundheitszerstörend» erweitern musste. Wer realistische Werte haben wollte, konsultierte besser den Wetterdienst der Beijinger US-Botschaft. Stimmte meine Schätzung, belohnte ich mich mit einem extratiefen Zug von meinem besten Asthmaspray.

Was sollte ich denn auch machen? Auf den Tiananmen gehen und dagegen protestieren? Im flirrenden Dunst der Abgase würden mich nicht einmal die Ordnungskräfte sehen, um mich außer Landes zu verweisen. Viele Bewohner der Volksrepublik entwickeln eine ähnlich fatalistische Einstellung, wenn es um die verpestete Umwelt und die giftigen Lebensmittel geht. Und bis zum Milchpulverskandal, bei dem Kleinkinder durch Gier und Korruption zu Tode kamen, haben viele geglaubt, dass es schon nicht so schlimm werden wird.

Aber nicht nur die Beijinger Luft machte mir zu schaffen, irgendetwas fehlte mir, und es sollte noch bis zu den Olympischen Spielen dauern, bis mir klar wurde, was es war.

Durch neun Schluchten

12 Meine Eltern schrieben mir. Sie wollten sich die Olympischen Spiele ansehen und danach wieder mit mir «durchs Land ziehen». Also machte ich mich daran, Tickets für das «Vogelnest» zu besorgen. Die Entstehung des Olympiastadions hatte ich live mitverfolgen können, weil man die Baustelle, wenn der Smog es zuließ, vom Fenster meiner Wohnung aus sehen konnte. Tickets dafür bekam man nicht so leicht. Ein großer Teil der 1,3 Milliarden Chinesen wollte dabei sein, und viele Plätze waren bereits an liquide Sponsoren vergeben. Eintrittskarten gab es fast nur für die, die «Guanxi» hatten. Guanxi ist das omnipräsente Netzwerk privater Beziehungen, ohne das man in China so gut wie nichts erreicht.

Falls doch, zahlt man dafür in der Regel einen hohen Preis. Wer in einem einfachen chinesischen Hotel den Betrag auf den Tisch legt, der auf der offiziellen Webseite steht, ist selbst schuld. Auch die Preise an der Rezeption neben der

Weltzeituhr – es gibt in chinesischen Hotels so gut wie immer eine Weltzeituhr, die New York, London und Tokio anzeigt – sind nur für Ausländer und geistig Verwirrte gedacht. Chinesen buchen über jemanden, der jemanden kennt, der irgendwo in der Stadt, in die man reisen möchte, Verwandte hat. Ein Normalverdiener kann es sich in China einfach gar nicht leisten, keine Beziehungen zu haben.

Die Volksrepublik ist so etwas wie das gelebte Facebook: Nur wer möglichst viele Freunde hat, die er bei Gelegenheit anstupsen kann, ist etwas wert. Und Freunde von Freunden sind auch die eigenen Freunde. Über ein paar Ecken kennt jeder Chinese jeden anderen Chinesen. Und so viele Ecken braucht man gar nicht, wenn es darum geht, begrenzte Güter wie Olympiatickets zu organisieren. Für die gigantische Eröffnungsshow der Olympischen Spiele reichte mein Guanxi-Netzwerk leider nicht aus; dafür hätte ich mich schon mit höheren Gesellschaftsschichten verkabeln müssen. Guanxi-technisch war für mich beim 200-Meter-Lauf-Finale die Ziellinie. Und so sahen wir den Weltrekord von Usain Bold, bei dem er sich sogar die Mühe gemacht hatte, seine Schuhe vorher zuzubinden.

Die Spiele gingen zu Ende, umd ich wollte wie geplant mit meinen Eltern «ein wenig durch die Gegend ziehen». Ich hatte die Idee, einen Teil meines gesparten Geldes zu investieren und davon den lieben Eltern eine Fahrt auf dem Jangtse zu spendieren. Einige Tage durch die «neun Schluchten» und am Staudamm vorbei, und ich würde mein Leben lang behaupten können, meine Eltern auf eine Kreuzfahrt eingeladen zu haben.

Ein paar Tage zuvor hatte ich mich mit Anja Wu getroffen. Nach dem Handykauf und der Reise mit meinen Eltern waren wir hin und wieder zusammen unterwegs gewesen. Zum

Dank hatte ich eine Karte auf Chinesisch geschrieben. Mit Jupiters Hilfe malte ich die mir damals zum größten Teil unbekannten Zeichen in kindlicher Genauigkeit ab.

Einmal waren wir zusammen mit dem Dekan und einigen Studenten beim Karaoke. Erst da verstand ich den Sinn des chinesischen Karaokesingens. Meine erste Karaokeparty hatte mich sehr ratlos zurückgelassen. Es war das «Lehrerkaraoke» der Fremdsprachenabteilung, und die meist älteren Herrschaften trafen sich um drei Uhr nachmittags, um bei einem Glas warmen Wasser schwülstige Schlager und kämpferische Revolutionshymnen vorzutragen.

Die Motive der Karaokevideos, vor deren Hintergrund der Text angezeigt wurde, wechselten sich entsprechend ab: Entweder schlenderten Chinesen mit hochtoupierten Haaren in schultergepolsterten Blazern und mit hochgekrempelten Ärmeln durch herbstliche Landschaften, oder junge Männer sprangen in Uniformen der Volksarmee über Stacheldrahtzäune und robbten durch die frisch ausgehobenen Gefechtsgräben. Irgendwie konnte ich mich dabei nicht wirklich wohlfühlen. Ich krächzte ein kraftloses «Better Man» von Robbie Williams, trank ein Glas warmes Wasser und war froh, als es zu Ende war.

Beim Studentenkaraoke war es anders. Die Teilnehmer grölten, sangen und hopsten, was das Zeug hielt. Als ich entdeckte, dass nicht nur Heintjes «Kleine Kinder, kleine Sorgen» in China als «Xiao xiao shaonian» bekannt ist, sondern man auch «Song 2» von Blur draufhatte, trug ich zum Gelingen des Abends ein falsch intoniertes, aber ehrlich gemeintes «Wohooo!» bei. Anja, die mir musikalisch weit überlegen war, sang den chinesischen Klassiker der Populärmusik «Yueliang daibiao wo de xin» – ein Lied über den ersten zarten Kuss im Mondschein.

Wir schrieben uns, nachdem ich nach Beijing gezogen war, sporadisch E-Mails. Zum Abschied aus Tianjin hatte sie mir eine kunstvolle Rose aus Blattgold geschenkt, die fortan auf einem Ehrenplatz in meinem Bücherregal stand.

Einmal besuchte ich Anja in Tianjin. Wir gingen essen. Sie hatte das Germanistikstudium abgeschlossen und sich für einen Master in Internationalen Beziehungen eingeschrieben.

«Was für ein Zufall», sagte ich. «Ich bin nämlich Experte für internationale Beziehungen. Vielleicht könnten Sie ein Praktikum bei mir machen, Fräulein Wu.»

Sie lächelte. Dann sagte sie, dass sie nicht wisse, was ihr Freund dazu sagen würde. Ich lächelte nicht. Stattdessen hatte ich das sonderbare Gefühl, als hätte Jet Li seinen Push-kick an meinem Solarplexus ausprobiert.

Ich fuhr zurück nach Beijing und dachte: Das war eine dumme Idee, eine ganz dumme Idee.

Später schrieb sie mir eine E-Mail. Sie wollte als freiwillige Helferin der Olympischen Spiele arbeiten. Das war nichts Ungewöhnliches, viele Germanistikstudenten machten das. Die ganze Stadt war voll von Freiwilligen, die sich auf hilflose Kaukasier stürzten.

Ich traf mich mit Anja in einem Café in der Nähe der Uni und erfuhr, dass ihr Freund seit kurzem ihr Exfreund war. Nur wenige Augenblicke später hörte ich mich fragen, welches Reiseziel sie mir und meinen Eltern empfehlen könne. Und falls sie gerade nichts Besseres vorhabe, könne sie doch einfach mitkommen. Ich würde natürlich die Kosten übernehmen.

«Der Jangtse-Fluss und die neun Schluchten sind nicht schlecht.» Sie stutzte. «Was hast du gesagt?»

«Du könntest mitkommen.»

«Mit dir und deinen Eltern auf eine Reise?»

«Ja.»

Sie bestellte noch eine Tasse Kaffee.

Eine gefühlte Dynastie später sagte sie: «Warum eigentlich nicht. Aber die Reise bezahle ich selbst.»

«Ich bestehe darauf, dich einzuladen», entgegnete ich. «Es ist schließlich kein Vergnügen, mit mir und meinen Eltern durch die Gegend zu ziehen.»

«Das geht auf keinen Fall.»

Mir war vollkommen klar, dass sie mein Angebot nicht einfach annehmen konnte. Aber mir war noch etwas klar: Falls es mir gelingen sollte, sie einzuladen, hätte ich nach chinesischer Logik ungeheuer viel «Gesicht» gewonnen. «Gesicht» hat man in China nicht, man muss es sich verdienen, indem man seine Großzügigkeit unter Beweis stellt. Und weil «Gesicht» so unglaublich wichtig ist, ist das meistens gar nicht so einfach. Wenn man jemanden zum Essen einladen möchte, muss man stets darum kämpfen – im wahrsten Sinne des Wortes. Wie oft habe ich in Restaurants wilde Raufereien um die Rechnung gesehen? Wie oft habe ich beobachtet, wie zwei Gäste den Kellner bedrängten, ja sogar anschrien, «das verdammte Geld» endlich zu nehmen und auf keinen Fall auch nur einen Kuai vom anderen zu akzeptieren. Um das zu vermeiden, steht manch ein Gastgeber frühzeitig vom Tisch auf und bezahlt heimlich die Rechnung.

«Was haltet ihr von einer Schifffahrt auf dem Jangtse?», fragte ich einige Abende später meine Eltern am Telefon.

«Das kenne ich aus dem Fernsehen», sagte meine Mutter.

«Da gibt es doch diesen Stausee, ein dolles Ding», rief mein Vater im Hintergrund. «So was würden die bei uns in Deutschland nie hinbekommen.»

«Ach, übrigens», bemerkte ich gleichgültig. «Anja Wu, ihr

erinnert euch, die Studentin aus Tianjin. Sie kommt auch mit.»

«Nanu, sagtest du nicht, sie hat einen Freund?» Meine Mutter klang interessiert.

«Exfreund, liebe Mutter. Exfreund.»

Sie stieß einen spitzen Schrei aus.

«Sag mal, wie ist denn eigentlich ihr richtiger Name?», wollte sie wissen. «Ich kenne sie immer nur als Anja.»

«Dingding.»

«Dingding?», fragte meine Mutter.

«Dingding. Eigentlich heißt sie Ding. Wu Ding. Aber wenn man es wiederholt, dann klingt es irgendwie netter.»

«Passt», sagte meine Mutter. «Sie ist ja auch ein süßes Dingding.»

Am nächsten Morgen fuhr ich heimlich zum Reisebüro und bezahlte die Tickets in bar. Gebucht hatte Dingding. Sie kannte jemanden in der Agentur, und so bekam ich die Tickets fast zum halben Preis.

Chongqing ist ein Moloch, in dem der Duft des Sichuaner Feuertopfes durch die Straßen zieht. Vor der Weltzeituhr des Hotels in Chongqing wunderte ich mich. Nanu? Dingding hatte nur zwei Hotelzimmer gebucht?

Holla, die Waldfee, dachte ich. Das ist ja mal eine Ansage.

Überrascht trug ich ihre und meine Koffer in das Zimmer. Viele Jahre später erfuhr ich, dass das unschuldige Fräulein Wu in diesem Moment ebenfalls «Holla, der Jadedrachen» oder etwas Ähnliches dachte.

Woher hätte ich denn auch wissen sollen, dass sie ein Zimmer für mich und meinen Vater und das andere Zimmer für sich selbst und meine Mutter vorgesehen hatte und erstaunt mitansehen musste, wie ich so selbstbewusst die Initiative ergriff?

Der nächste Schock für Dingding kam noch am selben Abend. Es war schwül in der Stadt, sodass ich mich noch kurz wusch, bevor wir zum Essen gingen. Mit freiem Oberkörper kam ich – so behauptet sie zumindest heute – aus dem Bad, um mich mitten im Zimmer geräuschvoll zu deodorieren. Für mich war das normal, insbesondere da ich glaubte, die junge Dame habe ein Doppelzimmer für zwei gebucht.

Dingding sagte mir später, dass sie damals, als ich so vor ihr stand, oberkörperfrei, wild fluchend auf die Chongqinger Hitze, endgültig realisierte, dass Ausländer irgendwie anders sind. Sie war irritiert von meiner körperlichen Freizügigkeit. Und dem Deo. Es gibt in China Deosprays, aber nur wenige benutzen sie, leiden Chinesen doch selten unter dem als «Fuchsgeruch» bezeichneten Phänomen. Chinesen sind schweißtechnisch oft geruchsneutral veranlagt. In interkulturellen Partnerschaften gewöhnen sie sich mit der Zeit daran – so wie man sich an den Geruch der eigenen alten Socken gewöhnt.

Die Reise wurde ein voller Erfolg. Es regnete durchgehend. Sämtliche neun Schluchten versteckten sich erfolgreich vor uns im dichten Nebel. Das Essen auf dem Schiff war zum größten Teil ungenießbar. Meine Eltern lagen mit einer Art Lebensmittelvergiftung in der Kabine, und als meine Mutter anfing, im Fieberwahn zu phantasieren, mussten wir den Schiffsarzt kommen lassen. Ein indischer Reisegruppenleiter verfolgte uns auf dem Schiff, weil er besessen davon war, uns eine Bollywood-Schmonzette vorzuführen, in der das Liebespaar am Ende durch die Alpen tanzt. Es war toll. Noch heute bin ich wahnsinnig stolz darauf, meine Eltern und Dingding auf eine so wunderbare Kreuzfahrt eingeladen zu haben.

Einen Moment dieser Reise werde ich nie vergessen. Dingding und ich hatten bis dahin noch nicht einmal Händchen gehalten. Auch in der Kabine schliefen wir brav in getrennten Kojen. Eines Morgens beim Frühstück, es gab frittierte Ekeleier und süße Wurst, unterhielten wir uns mit einem Engländer aus der Reisegruppe des Inders. Plötzlich, aus heiterem Himmel, wie aus dem Nichts, fragte er mich: «Where did you meet your beautiful wife? You are such a nice couple.» Dingding sah mich daraufhin an, und wir wurden beide ein bisschen rot. Da war er wieder, der Pushkick von Jet Li. Dieses Mal war es ein klarer K. o.!

Hutong-Style

13 Nach der Reise mit meinen Eltern waren wir ein Paar. Einfach so. Unter einem neongrün beleuchteten Baum in der Stadt Yichan küssten wir uns. Ohne große Worte. Und kaum ein Jahr später wohnten wir bereits zusammen. Sie hatte ihr Studium beendet, und ich war dabei, als, der ursprünglich eher amerikanischen Sitte folgend, bei der Abschlussfeier ihr Magisterhut in die Luft flog. Über den Campus der Nankai-Universität zogen Horden von Studenten in langen schwarzen Roben und fotografierten sich gegenseitig. Anfangs kam es mir etwas sonderbar vor, an meine alte Arbeitsstätte nun als «Familienangehöriger» zurückzukehren, aber auch an diese neue Rolle gewöhnte ich mich.

Kurz darauf fand Dingding einen Job in Beijing und zog zu mir in das luftige Penthouse. Dort blieben wir aber nicht lange. Dingding war das futuristische Ambiente zu ungemütlich, und ich litt seit einer Weile an Schlafstörungen; der vierte Ring der Stadtautobahn rauschte unter dem Fenster vorbei, und nachts kamen die kohlebeladenen Lastwagen, die, wie an einer Schnur gezogen, von den Gruben im Nordwesten der Stadt nach Beijing donnerten. Außerdem hatte ich plötzlich Höhenangst. Vielleicht waren auch daran die Nächte schuld, in denen ich morgens um vier vom Lärm der Sattelschlepper hochschreckte und es mir vorkam, als stünde mein Bett auf einem abschüssigen und sturmumtobten Felsen.

Wir suchten eine Wohnung im Stadtzentrum, um uns morgens so wenig wie möglich durch den Verkehr zur Arbeit quälen zu müssen. Die Suche gestaltete sich aufwendiger als gedacht. Die Makler der Stadt, meist junge Männer in schwarzen Anzügen, die zu Wohnungsbesichtigungen auf Elektromopeds erschienen, zeigten uns Dutzende von Wohnungen, aber unsere Wünsche waren nur sehr schwer mit der Marktsituation in Einklang zu bringen.

Mein Traum war ein traditionelles Hofhaus, aber Dingding sagte, sie würde sich sofort trennen, falls ich auch nur mit dem Gedanken spielen sollte, in eine dieser steinzeitlichen Behausungen zu ziehen. Diese Hutong-Häuschen sind für viele Chinesen immer noch ein Symbol für die Rückständigkeit der alten Zeiten. Dingdings Oma, ihre Laolao, hatte früher in so einer Bude gewohnt: Nichts für uns, beschloss Dingding.

Wir zogen in ein sogenanntes Ba'er Lou, ein vierstöckiges Mietshaus, das mitten im Hutong-Viertel stand. Das traditionelle Beijing schrumpft zwar gewaltig, oder es wird in touristische Rammeldammel-Gassen umgewandelt, aber es ist noch da. Manchmal verschwinden einige Straßenzüge fast über Nacht, damit eine U-Bahn-Station oder ein Einkaufszentrum gebaut werden kann. Dann wird zuerst das Zeichen «Chai» für «Abriss» an die Hauswand gesprüht, und bald darauf kommen die Bulldozer. Übrig bleiben dann nur die sogenannten Nagelhäuser, deren Bewohner wie die des gallischen Dorfes einsamen Widerstand leisten. Nagelhäuser stehen wie Nägel in der Landschaft und lassen sich nicht entfernen. Den Umzugsverweigerern wird Geld oder eine neue Wohnung angeboten, aber nicht alle sind mit dem Angebot der Stadtverwaltung zufrieden. In unserem Viertel war es die meiste Zeit friedlich, weil die größeren Umsiedlungsaktionen bereits vorüber waren. Nur die Souvenirgeschäfte und Starbucks-Kopien vermehrten sich stündlich.

Vom winzigen Wintergarten unserer Wohnung sah man auf den Pausenhof eines Kindergartens. Pausenhof ist das falsche Wort. Pause hatten die kleinen Racker so gut wie nie. Die meiste Zeit absolvierten sie gruppendynamische Bewegungsübungen. Oder sie marschierten im Kreis, was ihnen Spaß zu machen schien.

Einen Nachteil hatte die Wohnung allerdings. Sie war bereits bewohnt. Im Zwei-Quadratmeter-Badezimmer hauste eine Kolonie von Pharaoameisen, eine sehr spezielle Unterart. Sie sind klein, gelb und unglaublich hartnäckig. Na, wunderbar, dachte ich, das kenn ich ja nun schon. Im Gegensatz zu den Chinesen aber waren die Ameisen wirklich gelb.

Unsere Wohnung befand sich im ehemaligen Lehrerwohnheim einer landesweit bekannten Schauspielschule. Diese Schule ist deswegen so berühmt, weil dort nur die schönsten Frauen Chinas zugelassen werden. Nicht die allerschönsten, denn die lebten vor sehr langer Zeit. In China gab es genau vier nahezu unmenschlich anmutige Frauen: Xi Shi war so schön, dass die Fische vor Bewunderung auf den Grund sanken, wenn sie im Fluss die Seide wusch. Die bezaubernde Wang Zhaojun wurde vom Dienstmädchen zur Kaiserin. Diaochao war so hinreißend, dass der Mond sich vor Scham bedeckte, wenn er sie sah. Und Yang Yuhuan war eine kaiserliche Konkubine, die nicht nur schön und musikalisch war, sondern auch noch außerordentlich tugendhaft.

Diese historischen Hotties waren natürlich keine Absolventinnen der Schauspielschule neben unserer Wohnung. Die zeitgenössischen Schönheiten jedoch kommen fast ausschließlich von dieser Kaderschmiede weiblicher Anmut. Noch nie habe ich Dingding so geschmeichelt gesehen wie in dem Moment, als unser Nachbar sie fragte, in welchem Jahrgang sie denn sei. Sie sagte in gespielter Bescheidenheit: «Ach, er meinte bestimmt den Regiestudiengang. Anders kann es ja gar nicht sein.»

Es ist aber nicht die berühmte Schauspielschule, die uns, die wir aus der Ferne angereist sind, am meisten fasziniert. Die größten Touristenattraktionen der Hutong-Gassen sind ihre berüchtigten Toiletten. In der Zeitung las ich über den bekanntermaßen ebenfalls asiatischen Japaner, dass er auf dem stillen Örtchen sofort die Spülung betätigt, wenn er ein Geräuschlein macht, damit der Nachbar in der dünnwandigen Nebenwohnung auch ja nichts hört. Und was muss man dann in China erleben? Der Chinese ist toilettentypologisch dem Japaner diametral entgegengesetzt veranlagt. Die traditionellen Häuser in den engen Hutong-Gassen der Hauptstadt haben keine Toiletten. Die Bewohner dieser Hofhäuser sind es gewohnt, ihr Geschäft in geselligem Beisammensein zu verrichten. Trennwände hält man für überflüssig.

Ein Mann Ende fünfzig aus unserer Nachbarschaft, mit dem ich einmal locker plauderte, erzählte mir ungefragt, dass er Probleme mit dem Stuhlgang habe, wenn er ganz allein in einer sterilen Toilette hockt. Ein Zigarettchen, eine Zeitung und jemand zum Quatschen, das müsse schon sein. Kulturelle Unterschiede können manchmal also selbst die körperlichen Funktionen betreffen. Faszinierend!

Wir hatten zum Glück eine Toilette. Aber wir waren mittendrin im bunten Hutong-Leben. In unserer Straße, dem Dogmianhuahutong, dem Ost-Baumwollblüten-Hutong, gab es zwei «Spätis», wie der Berliner sagen würde. Die beiden Konkurrenzunternehmen lagen sich gegenüber. Der Laden auf der rechten Seite gehörte dem guten Shifu, so bezeichnet man ältere Herrschaften, und der Laden auf der linken dem schlechten. Der gute Shifu war ein weißhaariger bärtiger Mann, der mit seinem freundlichen Lächeln und der rosigen Haut aussah wie der mongolische Halbbruder vom Almöhi. Sein Hüftleiden, durch das er ein wenig humpelte, machte ihn fast noch sympathischer.

Der böse Shifu war hingegen ungepflegt, dunkel und miesepetrig. Er lag meist auf schmutzigen Pappen, die er auf leeren Bierkisten ausbreitete, und glotzte in einen Fernseher, der von der Decke baumelte. Wenn man bezahlen wollte, rollte er sich ächzend herüber und gab mürrisch das Wechselgeld heraus. Sein Schwiegersohn brachte morgens die neue Ware, und abends holte er das Geld ab. Der böse Shifu hatte einen etwa fünfjährigen Enkel. Eines Morgens musste ich auf dem Weg zur Arbeit mit ansehen, wie der böse Shifu das Kind über einer Pappe mit heruntergelassener Hose hochhob und dieser darauf sein großes Geschäft machte, welches anschließend samt Pappe im Mülleimer neben dem Laden landete.

Ab diesem Zeitpunkt wusch ich alles, auch die Bierflaschen, die ich bei ihm kaufte, mit heißem Wasser ab. Und ich verstand auch immer besser den Hintergrund der komplizierten chinesischen Berührungsalgorithmik, nach der Dingding lebte. Es gab bei uns zu Hause verschiedene Kategorien von Dingen, die unter keinen Umständen miteinander in Berührung kommen durften. Es war zum Beispiel verboten, die Einkaufstüten auf den Tisch zu stellen. Taschen, die man außer Haus benutzt hatte, durfte man nicht auf das Sofa legen, und es war strengstens untersagt, sich mit Straßenkleidung aufs Bett zu setzen. Und ich verstand auch besser, warum die Chinesen sich für gewöhnlich abends duschen und nicht morgens. Am Fuchsgeruch kann es ja nicht gelegen haben.

So verlebten Dingding und ich glückliche Tage in unserer kleinen Hutong-Welt. Aber einmal stritten wir uns doch. Als ich eines Tages den Vorhang im Wohnzimmer sachte, ja fast zaghaft, zuzog, fiel mir die Gardinenstange auf den Kopf. Schrauben, schrumpelige kleine Plastikdübel und große Teile des Putzes rieselten auf mich herab. Eine Woche zuvor war die Duschkabine zerbröselt, und die Regale, die ein Hausmeister angeschraubt hatte, waren nach drei Tagen unter der Last von unglaublichen vier Taschenbüchern zusammengebrochen. Am Morgen war eine Steckdose explodiert.

Ich blieb ruhig – ruhig und gelassen – und klopfte mir den Staub aus dem Haupthaar. Ich ging zum Werkzeugkasten, um die Fischerdübel und Edelstahlschrauben zu holen, die ich aus Deutschland importiert hatte. Auf dem Rückweg begegnete mir Dingding. Sie fragte mich, warum ich so verschmutzt und staubig sei. Ich legte das Werkzeug – immer noch vollkommen gelassen – zur Seite, packte Dingding an den Schultern und schüttelte sie durch. Äußerst kontrolliert und ruhig brüllte ich sie an.

«Ich hasse die Chinesen!», schrie ich. «Wie ich diesen ganzen billigen Plunder hasse. Warum müsst ihr bloß nur so viel Schrott produzieren? Heinz-Otto Fischer, oder wie auch immer er hieß, hat die Fischerdübel doch nicht erfunden, damit ihr Chinesen sie nachbaut und dabei vergesst, dass der Sinn der Sache der dauerhafte Verbleib in der Wand ist. Alles, aber auch alles, geht in diesem Scheißland kaputt. Ein Dübel soll doch nicht nach drei Tagen seinen beschränkten Geist aufgeben. Das ist doch nicht der Sinn eines Dübels. Verdammt!»

Ich ging. Zumindest versuchte ich es.

Dingding folgte mir. Sie packte mich an den Schultern, drehte mich herum, schüttelte mich durch und schrie: «Jetzt reicht's mir aber! Alles, aber auch alles, was du mit deinen klobigen norddeutschen Bauernhänden anfasst, geht kaputt. Für dich muss alles aus Stahl sein, damit du es nicht zerlegst. Alles macht ihr Deutschen kaputt. Alles! Unsere chinesischen Gardinenstangen sind nicht für euch gemacht. Wir Chinesen sind klein, zart und energiesparend. Und deswegen brauchen wir auch keine behämmerten deutschen Stahlhelmdübel. Eure Trampeligkeit ist doch der einzige Grund, warum ihr Deutschen so solide Autos baut. Damit solche Mopsgesichter wie du sie nicht zerdeppern. Warte nur! Später werde ich mich rächen. Dicker weißer Mann, ich warne dich!»

«Was heißt später?», schrie ich. «Wenn du groß bist, oder was? Du wächst nicht mehr, mein Schatz. Da hilft auch kein Warten.»

«Wenn du mal ganz alt bist, dann bin ich stärker, und dann wirst du es bitter bereuen, dass du mich immer so rumgeschubst hast.» Dingding verließ die Wohnung. Kurz darauf öffnete sie noch einmal die Tür. «Dann werde ich dich rumschubsen. Dann bekommst du alles zurück.»

Nach diesem Gespräch mochte ich die chinesischen Dü-

bel immer noch nicht, aber es hatte mich nachdenklich gemacht. Ist es vielleicht wirklich so, dass die weltberühmte
deutsche Qualität damit zusammenhängt, dass wir etwas
grobmotorisch veranlagt sind? Ist es einem deutschen In-
genieur bewusst, dass er die Dinge für ein Volk von Rum-
pelfüßlern entwirft? Sind die deutschen Autos deswegen so
langlebig? Viele, viele Stunden, in denen ich die Gardinenstange einbetonierte, dachte ich darüber nach.

Ring Bling-Bling

14 Eigentlich ging ich nicht gerne in die Wangfujing. Die Wangfujing ist der Kurfüstendamm von Beijing, eine piefige Touristenstraße, die auf beklemmende Art und Weise überfüllt und verödet zugleich ist. Die Wangfujing hat ihre besten Tage lange hinter sich. Und ohne den Glanz vergangener Zeiten, ohne die huldvollen Worte in veralteten Reiseführern würde sie längst im Seniorenstift für abgehalfterte Prachtboulevards verschimmeln. Keine der shoppingsüchtigen chinesischen Frauen hat mir je erzählt, dass sie in der Wangfujing einkaufen geht. Als Beijinger fährt man zum Einkaufen nach Xidan, zum Qianmen, vielleicht geht man auch ins Solana, und wenn man unbedingt ein bis zwei Monatsgehälter für eine neue Louis-Vuitton-Tasche ausgeben möchte, läuft man durch die Mall am Guomao und mischt sich unter die bestiefelten Zweitfrauen, die «Ernai», «Zweitbrust», genannt werden.

Dingding hätte mich für verrückt erklärt, wenn ich mit

ihr in die Wangfujing zum Einkaufen gegangen wäre. Es wimmelt dort von Provinzchinesen und Westtouristen, die sich auf dem angrenzenden Nachtmarkt vor Skorpion- und Schlangenschaschliks ekeln. Wenn sie sich ausreichend gegruselt haben, lassen sie sich meist noch von gewieften Gaunern um ihre Urlaubskasse erleichtern, weil sie auf den guten alten «Teekannen-Nepp» hereinfallen. Auch ich musste im ersten Jahr mein Lehrgeld zahlen. Die Sache läuft immer gleich ab. Ein «Student» spricht einen nett auf Englisch an und offeriert seine selbstlose Hilfe als Übersetzer. Dann läuft man eine Weile plaudernd in der Gegend herum, und irgendwann landet man ganz sicher in einem Teehaus und bleibt auf einer gepfefferten und gesalzenen Rechnung sitzen.

Hundert Euro für eine Kanne grünen Tee?

Vielleicht hätte man doch vorher nach dem Preis fragen sollen?

Seit einiger Zeit hört man vermehrt, dass die Touristenfänger auch kleine, aber exquisite Restaurants in der Nähe der Wangfujing empfehlen, in denen man gemeinsam Peking-Ente speist.

«Das wird schon nicht so teuer sein. Wir sind ja hier in China», denkt sich da so manch ein freundlich bewirteter Gast aus dem Abendland und spart sich den Blick auf die eigens für ihn in den Himmel korrigierte Speisekarte.

Vielleicht sind hundert Euro aber auch gar nicht so viel für uns Wohlstandsverwahrloste. Chinesen sagen ja immer: «Wer nicht auf der Großen Mauer war, der ist kein Mann.» Man kann aber auch sagen: «Wer nicht von Chinesen übers Ohr gehauen wurde, der war nicht in China.» In der Wangfujing gibt es dafür viele hervorragende Gelegenheiten.

In der Wangfujing wäre Dingding mit mir also nicht einkaufen gegangen. Aber Dingding war nicht in der Stadt, und das war genau der Grund, warum ich an diesem Tag dort war. Sie war auf einer Dienstreise ins südlich gelegene Xiamen, und ich hatte den festen Entschluss gefasst, ihr einen Heiratsantrag zu machen. Diese Idee war plötzlich da, und sie gefiel mir so gut, dass ich sie so schnell wie möglich umsetzen wollte, um den Überraschungseffekt noch auszunutzen. Denn ich war selbst ein wenig überrascht über so viel Entschlossenheit meinerseits.

Andererseits würde sich die Frage nach der Ehe ohnehin in absehbarer Zeit stellen, ist China doch ein Land, in dem der Ausdruck «wilde Ehe» noch etwas Verruchtes und Unanständiges suggeriert. Im Unterschied zu Deutschland, wo «wilde Ehe» nach eingeschlafenen Füßen klingt, ist in China das Zusammenleben ohne Trauschein den Outlaws und Rebellen vorbehalten. Unverheiratet zusammenlebende Paare sind in der Regel Menschen, die mit ihren Familien gebrochen haben und deren Moralvorstellungen im sozialen Koordinatensystem irgendwo zwischen denen von Pornodarstellern und transsexuellen Bordellbetreibern anzusiedeln sind. Ich übertreibe ein wenig, aber mit Sicherheit konnte es nicht mehr lange dauern, bis die Fragen nach dem Trauschein lauter wurden. Das musste vermieden werden. Wenn ich schon in den Hafen der Ehe einlaufen würde, dann nicht am Haken der Schleppschiffe, sondern mit gehissten Segeln und wehender Flagge.

Und es gab noch einen Grund: Ich liebte sie. Bei meinem letzten Deutschlandurlaub hatte ich festgestellt, dass das Leben ohne Dingding keinen Sinn mehr ergab. Die heimischen Kuhwiesen kamen mir ohne sie nur verlassen und einsam vor. Alles war grau und doof. Mir war so langweilig, dass ich den chinesischen Trash-Pop-Klassiker «Wo zai zhe'er dengzhe ni huilai» ins Deutsche übersetzte und unter dem Titel «Ich bleib hier und warte, bis du da bist» bei You-Tube hochlud. Eine weitere schicksalhafte Entscheidung, wie sich später herausstellen sollte.

Ich wusste, dass ich irgendwann wieder nach Deutschland zurückgehen musste. Dass Dingding dann vielleicht nicht mitkommen würde, gefiel mir ganz und gar nicht. Das musste ich verhindern.

Für das Wochenende hatte ich ein Doppelzimmer in einem verhältnismäßig originalgetreuen Nachbau eines französischen Schlosses am Stadtrand gebucht. Es gab heiße Quellen, eine biologische Birnenplantage und eine Minigolfbahn – der ideale Ort für einen Heiratsantrag, wie ich fand. Ich brauchte nur noch die Ringe.

Ich betrat das Kaufhaus und nahm mir fest vor, sämtliche Verhandlungstechniken zu nutzen, die ich mir in den letzten Jahren angeeignet hatte. Mindestens zwölf der «Sechsunddreißig Strategeme» hatte ich parat. Chinesen sind die härtesten Geschäftspartner dieser Erde, und ohne Grundkenntnisse im psychologischen Nahkampf wird man sogar in Kaufhäusern über den Tisch gezogen wie ein Aal auf dem Hamburger Fischmarkt. Man wird ausgenommen wie eine Weihnachtsgans, doch das Gegenteil muss man sein: ein Eisenhahn. «Eisenhahn» ist das chinesische Wort für «Pfennigfuchser», und das kommt daher, dass die zweitkleinste chinesische Währungseinheit «Mao» genannt wird. «Mao» bedeutet auch «Feder». Ein echter Eisenhahn ist jemand, dem man keinen Mao, beziehungsweise keine Feder, ausrupfen kann.

Und so ging ich mutiger Eisenhahn in ein Kaufhaus mit zahllosen Juwelierständen, an denen junge Damen schon bei der kleinsten Annäherung auf mich einstürmten. Ich hatte mich an vieles gewöhnt, aber das Verkaufspersonal, das einem auf Schritt und Tritt folgt, war mein ganz persönlicher Albtraum. Ich verliere augenblicklich die Nerven und schleiche mich davon wie ein ertappter Ladendieb. Ich weiß natürlich, dass diese Frauen eine Provision bekommen und dass man sich nicht davon irritieren lassen sollte, aber ich kann mich einfach nicht mehr konzentrieren, wenn man mir so zu Leibe rückt.

Nach einigen Runden um die Stände der Juweliere fand ich ein Paar Ringe, das mir gefiel. Verkäuferinnen redeten gleichzeitig und vielstimmig auf mich ein. Der Preis für den Damenring sei zwar etwas hoch, aber ich bekäme einen Gutschein für ein Hochzeitskleid dazu.

Das brauchten wir ja bald. Das Kleid lasse sich auch gegen einen Reiskocher eintauschen, falls die Braut den Antrag ablehne. Alternativ könne man die Ringe reduzieren, dann müsse man aber leider auf das Hochzeitskleid und den Reiskocher verzichten. Und ich müsse mich sofort entscheiden, weil das Angebot nur einen Tag gelte. Barzahlung sei kein Problem. Vor der Tür stehe ein Automat, und ich würde von einem Sicherheitsbeamten begleitet. Ach, da kommt er ja schon. Folgen Sie ihm einfach! Wir müssten dann nur noch die Ringgröße wissen. Welche Größe tragen Sie? Lassen Sie mich messen! Und Ihre Frau? Welche Größe hat Ihre Frau? Na, das sollten Sie aber wissen. Zwölf oder eher zehn? Nein? Neun?

Ich wusste gar nichts mehr. Und mit Sicherheit wusste ich nicht, welche Ringgröße Dingding hatte. Woher auch? Ich wusste nur, dass ihre Hände sehr, sehr klein waren. Dingding hatte sich beim letzten Frühlingsfest mit dem Hackmesser in den kleinen Finger geschnitten und den Nagel gespalten. Nach einigen Stunden im überfüllten Wartezimmer eines unbeheizten Krankenhauses, in dem keuchende Menschen an Infusionsschläuchen auf Gängen lagen, konnte man alles wieder annähen. Nun hatte ich dieses Bild erneut vor Augen: Die kleinen Finger von Dingding sahen im Kontrast zum Hackmesser aus, als gehörten sie einem Neugeborenen. Ich hatte keine Zweifel, Dingding hatte die kleinste Ringgröße, die es gab. Kleinere Finger konnte es einfach nicht geben.

Ich sagte: «Ringgröße zehn», und die als Beratungsgespräch getarnte Gehirnwäsche wurde fortgesetzt. Chinesische Verkäufer analysieren zunächst ihr Gegenüber, um dann festzustellen, wo die Schwachpunkte liegen. Einigen Kunden machen sie Komplimente, mit anderen scherzen oder flirten sie ein bisschen. Gegen das alles war ich gewappnet. Das Einzige, wogegen ich mich überhaupt nicht wehren konnte, war zahlenmäßige Überlegenheit in Kombination mit der Verwirrungstaktik. Mein Gehirn schaltet dann auf Schockstarre, und ich ergebe mich willenlos meinem Gegner.

Am schlimmsten war es einmal bei einem Friseur in Shanghai. Nach der Haarwäsche erschien ein gutes Dutzend Friseure, um mich zu «beraten». Eigentlich wollte ich nur den üblichen Fünfzig-Kuai-Cut. Aber die Friseure hatten ganz andere Pläne. Sie schlugen mir eine Dauerwelle vor. Ich hielt das natürlich für einen Witz. Ein Friseur nach dem anderen trat an mich heran und erklärte mir, dass mein Haar mit ein paar Locken voller aussehen würde. Man zeigte mir Prospekte und Preistabellen. Ich lehnte ab. Irgendwann begann eine junge Dame, gegen meinen ausdrücklichen Willen, meine Ohren mit Wattestäbchen zu reinigen. Und während die Friseure sich hinter, vor und neben mir abwechselten, um die Vorzüge einer Dauerwelle anzupreisen, begann die Hypnose allmählich zu wirken.

«Ja, Dauerwelle, Fixierer», sagte ich. «Nur den besten. Färben auch? Na ja, wenn es mir steht, warum denn nicht?»

In den nächsten Wochen sah ich aus wie ein Pudel nach dem Schleuderwaschgang.

Auch diesmal war der Informationsinput einfach zu groß. Sie hatten gewonnen. Der Sicherheitsmann begleitete mich zum Automaten. Er stand hinter mir und sagte, wie viel ich abzuheben hatte. Das Geld kam, und ich ging wie in Trance mit meinem Begleitschutz zurück in das Kaufhaus. Eine Verkäuferin hatte die Ringe bereits in einer Schachtel verstaut.

«Ihre Zukünftige wird es zu schätzen wissen», sagte sie.

Wird sie das?, fragte ich mich und kam zu Bewusstsein.

«Vielleicht», sagte ich, denn Dingding machte sich eigentlich gar nichts aus Schmuck. Sie trug keinen.

«Alle Frauen lieben Schmuck», sagte die junge Dame hinter dem Verkaufstresen und sah mich herausfordernd an.

Diamanten waren vieleicht auch in China der beste Freund der Frauen. Chinesinnen – wie es die Kandidatin einer Dating-Show einmal im Fernsehen formulierte – würden lieber im BMW weinen, als auf einem Fahrrad lachen. Und Dingding?

Dingding liebte gute Filme, Musik, Rotwein. Sie liebte gutes Essen über alles. Wenn man sie zu einem Haidilao-Feuertopf einlud, war sie tagelang in Hochstimmung. Aber für Schmuck war sie nicht zu begeistern. «Nein, nicht alle Frauen», sagte ich.

Die Verkäuferin lächelte nicht mehr.

«Wissen Sie was? Ich habe es mir anders überlegt. Vielleicht komme ich wieder. Dann nehme ich auch das Kleid und den Reiskocher.»

Später an diesem Tag kaufte ich in einem freundlichen

kleinen Schmuckladen in der Straße neben unserer Hutong-Wohnung zwei, wie ich fand, sehr geschmackvolle Ringe. Und ich konnte sie ganz in Ruhe aussuchen.

«Wenn der Ring Ihrer Frau nicht gefällt, bringen Sie ihn einfach wieder zurück», sagte die nette junge Dame.

十五

Eisen-Ei und die Moralbeauftragte

15 «Meinst du das ernst?» Dingding starrte die Verlobungsringe an. «Du willst mich wirklich heiraten?»
Ich hatte sie überrumpelt. Wir waren im Hotelzimmer, die erste Gelegenheit für meinen Antrag.

«Ja, so hatte ich mir das eigentlich vorgestellt.» Plötzlich war ich mir nicht mehr so sicher.

«Ach so. Französisches Schloss, heiße Quellen, hätte ich mir ja eigentlich denken können, dass du mich weichkochen willst.»

«Und, was sagst du?» Langsam wurde ich nervös.

«Das ist so überraschend.» Ich sah, wie sie um Worte rang. «Wir sind doch erst ein Jahr zusammen.»

«Du kannst es dir ja noch eine Weile überlegen», sagte ich. «Nur keine Hektik. Es ist ja nur so eine Idee.»

«Du bist dir im Klaren darüber, dass das nicht einfach wird, oder?»

«Dingding, ich bin mir ganz sicher», sagte ich, nahm ihre

Hand und sah ihr tief in die dunklen Augen. «Ich bin ja nicht mehr jung. Ich war in so vielen Ländern. Ich habe in meinem Leben viele verschiedene Menschen kennengelernt. Eine Sache weiß ich jetzt ganz genau: Du findest keinen Besseren.»

«Sehr lustig!»

Sie probierte den Ring an. Er passte nicht. Dingdings Finger sind vorn schmal, hinten werden sie breiter. Laolao sagt, sie habe Rettichfinger.

«Kann man die umtauschen?», fragte sie.

«Ja», sagte ich.

«Und sonst?», fragte Dingding. «Warum sollte ich dich heiraten?»

«Es hätte Steuervorteile», sagte ich.

Auch das überzeugte sie nicht.

«Denk an das Visum für Deutschland. Wie viel einfacher das für Ehepaare ist.»

Sie schwieg.

«Wir könnten von dem gesparten Geld in Las Vegas heiraten», schlug ich vor. «Ganz romantisch, nur wir beide. Und wir sagen niemandem etwas davon.»

«Jetzt machst du wirklich Witze?» Dingding sah mich ernst an. «Du weißt schon, dass eine Hochzeit in China keine Angelegenheit zwischen zwei Leuten ist? Und wenn du glaubst, dass wir das einfach ignorieren können, dann kennst du meinen Vater aber schlecht.»

Ich kannte Dingdings Vater inzwischen ganz gut, und wenn ich es mir recht überlegte, war Las Vegas vielleicht wirklich keine gute Idee. In China entscheidet immer noch die Familie, wer wann wen heiratet.

Dingdings Vater wirkte meist ein wenig so, als würde er mit den Fingern in der Steckdose schlafen: einerseits weil er vor Energie geradezu strahlte und andererseits weil seine Haare im Stile des klassischen Tianjiner Bürstenschnitts wie mit dem Lineal begradigt nach oben standen. Neben seiner Hyperaktivität zeichnete ihn ein leichter Hang zur Theatralik aus. Bei unserem ersten Treffen lieh er sich, um einen guten Eindruck zu hinterlassen, die schwarze Chrysler-Limousine seines Schwagers und kutschierte uns durch die Tianjiner Straßen. Ich saß mit Dingdings Mutter hinten auf der Rückbank. Bomu, so war die korrekte Anrede damals, mochte mich, bevor sie mich überhaupt kannte. Dingding hatte ihr ein Gruppenfoto von ihrem Germanistikjahrgang gezeigt, auf dem ich am Rande stand und, wie es sich in China auf Fotos gehört, das Peacezeichen machte.

«Wer ist denn dieser nette Ausländer auf dem Bild?», fragte sie.

Bei Herrn Wu dauerte es etwas länger. Während der Autofahrt taxierten mich seine Augen im Rückspiegel – der Pate lud zum Verhör.

Erst Monate später verschwand das Misstrauen in seinen Augen. Es wich einer manchmal überbordenden Herzlichkeit und unkontrollierbarer Fürsorge.

«Ach, komm schon», sagte ich mit fester Stimme, auf dem Bett des Hotelzimmers sitzend. Die heißen Quellen vorm Fenster blubberten friedlich.

«Dingding, wir heiraten nackt! Das ist bestimmt lustig.»

«Wie bitte?», fragte sie mich. Dann lachte sie.

Eine Woche später schob Dingding einen Einkaufswagen durch die Gänge des Supermarktes in unserem Viertel. Vorbei an Regalen mit Fertignudeln. Vorbei an der Fleischtheke mit den Entenhälsen und den schwarz eingefärbten Hühnerkarkassen. Dingding wusste, was wir brauchten. Wir brauchten Schnaps, hochprozentigen Schnaps. In der hintersten Ecke an der Wand stand das, wonach wir suchten: Baijiu.

Baijiu ist ein übles Zeug: bis zu achtzig Prozent Alkohol und ein Geschmack wie Brennspiritus. Die klassische chinesische Trinkkultur besteht hauptsächlich darin, sich beim Essen ein bis zwei Wassergläser von diesem Brandbeschleuniger einschenken zu lassen.

«Komm, wir nehmen den Maotai», sagte ich. Diese Marke gehört zu den teuersten Baijius, ist dafür aber auch einigermaßen genießbar.

«Mein Vater mag gar keinen Maotai», sagte Dingding.

«Welcher chinesische Vater mag denn bitte keinen Maotai?»

«Meiner.»

Ich hätte skeptisch werden sollen. Natürlich musste sie verhindern, dass ich den Maotai kaufte – zumindest pro forma. Sie musste es verhindern, und ich musste darauf bestehen. Aber irgendwie glaubte ich, innerhalb der Familie wären die chinesischen Spielregeln nicht ganz so streng. Denn eigentlich kannte ich die Spielregeln. Ich hatte einmal einem Nachbarn als Dank für seine Hilfe beim Umzug eine Flasche Whiskey geschenkt, und weil ich nichts falsch machen wollte, kaufte ich einfach den teuersten, den es im Supermarkt gab, Johnny Walker Gold Label. An jenem Abend nahm mich der Nachbar zur Seite und sagte:

«Du hast es richtig gemacht, junger Mann. Langsam verstehst du dieses Land», er war leicht angetrunken. «Wenn du Black Label gekauft hättest oder vielleicht sogar Red Label, diese üble Plörre, dann hättest du mich beleidigt. In China ...», er rülpste ein bisschen, «in China ... mein junger Freund ... da schenkt man das Beste ... oder man schenkt gar nichts. Hicks!»

Trotzdem ließ ich mich von Dingding zu der günstigeren Flasche überreden. Für ihre Mutter kauften wir in Honig eingelegte Schwalbennester und für den Rest der Verwandtschaft deutsche Schokolade. An diesem Abend sollte nicht nur Dingdings Vater den Schwiegersohnkandidaten noch einmal genauer unter die Lupe nehmen. Sie würden im gemeinsamen Familienrat eine Entscheidung fällen. Daumen rauf oder Daumen runter.

Ich verabredete mich ein paar Tage vorher mit Jupiter, der gerade in Beijing weilte, und bat ihn, mir eine kurze Einführung in die Verwandtschaftsterminologie der Chinesen zu geben. Chinesen geben sich nicht mit ein paar läppischen Begriffen zufrieden, um Verwandtschaftsbeziehungen zu beschreiben. So wichtig, wie in China die Familie ist, so viele Wörter haben sie auch für Tante, Onkel, Cousine und Cousin. Da wollte ich vorbereitet sein und lud Jupiter zu einer Tasse Tee ein.

Jupiter, dessen Deutsch sich inzwischen deutlich verbessert hatte, fragte mich, ob ich die längere oder die kürzere Variante vorziehen würde. Ich sagte, dass mir die wesentlichen Grundzüge eigentlich reichen würden. Daraufhin ließ er sich von mir einen DIN-A3-Bogen geben und begann, einen Stammbaum zu zeichnen.

«Also, Lehrer Sven», sagte er. «Fangen wir einmal ganz einfach an. Die Mutter nennt man Ma, den Vater Ba.»

Das zu behalten war nicht gerade schwer, und so schlecht war mein Chinesisch damals auch wieder nicht.

«Nun kommt eine Sache hinzu, eine Besonderheit der chinesischen Verwandtschaftsbezeichnungen: Es macht einen Unterschied, ob jemand älter oder jünger ist», erklärte Jupiter. «Der jüngere Bruder ist der Didi, der ältere der Gege.»

So weit, so gut, dachte ich.

«Die ältere Schwester heißt Jiejie, und die jüngere Schwester bekommt den Titel Meimei.» – «Keine große Sache», sagte ich. «Das weiß ich aus meinen Sprachkursen.»

«So, nun wird es interessant.» Jupiter begann scheinbar wahllos neue Verzweigungen in den Stammbaum zu malen. «Die Mutter des Vaters wird korrekt mit Nainai angesprochen und sein Vater, also der Großvater väterlicherseits, mit Yeye. Der ältere Bruder des Vaters ist der Bobo, und dessen Frau heißt Boniang, sein jüngerer Bruder hingegen heißt Shushu, dessen Frau wiederum Shenshen. Seine ältere Schwester ist die Guma. Deren Mann wird entsprechend mit Guzhang oder Gufu bezeichnet. Die jüngere Schwester des Vaters sollte man mit Gugu anreden, ihren Mann ebenso wie den Mann der Guma mit Guzhang oder Gufu.»

Noch konnte ich so ungefähr folgen. Einige Begriffe hatte ich schon einmal gehört. Ich fing an, mir Notizen zu machen.

«Der Sohn des älteren Bruders des Vaters ist der Tangxiong, der Sohn des jüngeren Bruders des Vaters hingegen der Tangdi. Wenn sie verheiratet sind, nennt man die Ehefrauen Tangsao. Die Tochter eines älteren Bruders des Vaters wird Tangjie genannt, wenn sie jünger ist als man selbst. Sie wird allerdings zur Tangmei, wenn sie älter ist.»

Jupiter war in seinem Element.

«Der jüngere Sohn der Schwester des Vaters ist der Gubiaoge. Wenn er älter ist, dann nennt man ihn Gubiaodi. Wenn die Schwester des Vaters hingegen eine Tochter hat, die älter ist, nennt man sie Gubiaojie. Wenn sie jünger ist, heißt diese Dame Gubiaomei.»

Jupiter redete immer schneller. Ich dagegen hatte bei der Verwandtschaft dritten Grades irgendwo den Faden verloren.

«So, und nun zur Seite der Mutter.» Jupiters Baum bekam

eine neue Astgabelung. «Die Mutter der Mutter ist die Popo, der Vater der Mutter ist der Gonggong.»

«Der Popo. Haha!», sagte ich, um irgendetwas zu sagen. Mir wurde langsam schwindelig.

«Wenn die Mutter Geschwister hat, wird verwirrenderweise sowohl der ältere als auch der jüngere Bruder Jiujiu genannt. Bei den Schwestern hingegen macht das Alter einen Unterschied. Die ältere Schwester der Mutter heißt Yima, die jüngere ist die Ayi. Die Frau des Bruders der Mutter ist die Jiuma, der Mann der Yima nennt sich Yizhang.»

Der Baum verwandelte sich vor meinen Augen in einen komplizierten Schaltkreis mit wirren Verbindungslinien und Querverweisen.

«Aber wir wollen doch auch die Kinder nicht vergessen.» Jupiter schien das Ganze langsam Spaß zu machen.

«Auf der Seite der Mutter verhält es sich folgendermaßen: Die Cousins werden allesamt Biaoge genannt, egal ob sie Kinder des Bruders oder der Schwester der Mutter sind, sofern sie älter sind als man selbst. Wenn sie jünger sind, heißen sie Biaodi. Die älteren Cousinen mütterlicherseits heißen Biaojie, die jüngeren Cousinen heißen Biaomei ...»

So ging das noch eine ganze Weile weiter, bis ich beschloss, Dingdings Verwandtschaft spontan und nach Bedarf zu bezeichnen. Vielleicht hatte sie ja gar keine Guma und keinen Gufu, keine Jiuma und keinen Jiujiu, keine Dayi und keinen Dayifu und wie das alles hieß.

Sie hatte.

Ich stand ein wenig nervös in der Vorhalle eines Tianjiner Restaurants. In riesigen Aquarien warteten die Fische und Schildkröten darauf, Hauptbestandteile eines Festmahls zu werden. Wir waren etwas zu spät dran, weil der Stau in Beijing an diesem Tag noch apokalyptischer war als sonst. Die

U-Bahn-Anbindung zum Bahnhof war noch nicht fertig und die Strecke nur mit dem Taxi zu machen. Dingding rannte an der Straße auf und ab und versuchte, anderen Leuten das Taxi wegzuschnappen. Das macht man in Beijing so, sonst würde man niemals von der Stelle kommen. Verschwitzt und traumatisiert kamen wir schließlich in Tianjin an. In der Straße, in der wir uns mit Dingdings Familie verabredet hatten, gab es zwei Restaurants, die den gleichen Namen trugen. Dingding versuchte herauszufinden, ob wir im richtigen waren, und ich stand im Eingangsbereich und betrachtete die Fische.

«Ihr habt es gut», dachte ich. «Ihr dümpelt hier schön gemütlich vor euch hin.»

«Sie sind schon da. Komm mit!» Dingding war zurück.

Wir fuhren eine Rolltreppe hinauf – chinesische Restaurants sind oft verwirrend groß –, und Dingding geleitete mich durch ein Labyrinth von Gängen zu einem Hinterzimmer. Wer in China etwas auf sich hält, der speist im Séparée. Hier werden die Hinterzimmerdeals ausgehandelt, Strategien beschlossen, Feste gefeiert und – Schwiegersöhne getestet.

Bofu und Bomu, Dingdings Eltern, waren schon da. Auch Erfu und seine Frau saßen am Tisch. Ich hatte keine Ahnung, wie man die Ehefrau des Erfu richtig betitelte, und auch das Wort Erfu hatte Jupiter meines Wissens gar nicht erwähnt. Dingding stellte mich der Verwandtschaft mit meinem chinesischen Namen vor: «Siwen». Diesen Namen habe ich mir selbst ausgedacht. «Siwen» bedeutet «Denken-Kultur», und außerdem klingt es nach jemandem, der Manieren hat. Fand ich zumindest. Den Chinesen gefällt mein Name, aber manchmal denke ich, dass mir Jupiters Name auch gefällt.

Wir übergaben unsere Geschenke, und die Verwandten bedankten sich höflich.

Der Erfu hatte seinen Enkelsohn mitgebracht, der den schönen Spitznamen Xiao Tiedan trug. Das konnte ich mir merken, denn es bedeutet «Eisen-Ei», und es passte zu dem Knirps. Die Eltern von Eisen-Ei haben vor kurzem in Shanghai ein Restaurant eröffnet, sodass sie nicht viel Zeit haben, sich um ihr Kind zu kümmern. Eisen-Ei wohnt bei seinen Großeltern.

Gugu und Gufu betraten das Séparée. Gugu begutachtete mich skeptisch. Wahrscheinlich ist das einfach eine alte Angewohnheit, denn Dingdings Gugu ist eine pensionierte Lehrerin und bekleidete viele Jahre das Amt der «Moralbeauftragten» an ihrer Schule.

Ihr Mann, der Gufu, schüttelte mir die Hand, und Bofu machte sich unverzüglich daran, ihm seinen Respekt zu zollen. Bofu hatte zwei Flaschen Schnaps mitgebracht, und Gufu durfte sich eine davon aussuchen. Gufu wählte den Maotai.

«Du hast gesagt, dass dein Vater keinen Maotai mag», sagte ich halblaut zu Dingding, dummerweise auf Chinesisch.

Bofu hatte mich gehört.

«Ich mag ihn schon. Ich kann ihn mir nur eigentlich nicht leisten», sagte er.

Spätestens jetzt wurde mir klar, dass ich mich nicht auf Dingdings Auskunft verlassen konnte, wenn es darum ging, sein Gesicht zu wahren. Das war der ganze Trick an diesem Bescheidenheitsspiel: Man muss immer überbieten, egal, was die anderen sagen. Die einzige Regel besteht darin, den anderen in seiner Großzügigkeit zu übertreffen, ohne sich dabei vollständig zu ruinieren. Keine leichte Aufgabe.

Wie setzten uns, und Bofu deutete mir, dass ich den Männern in der Runde etwas von dem guten Schnaps einschenken sollte. Aber meine Versuche, die Flasche zu öffnen, waren nicht von Erfolg gekrönt. Gufu und Bofu beobachteten amüsiert, wie ich mich mit dem Verschluss abmühte. Als sie sich genug amüsiert hatten, erklärten sie mir, dass im Verschluss des Maotai eine komplizierte Vorrichtung eingebaut ist, die sicherstellen soll, dass man nur etwas ausschenken, aber nichts hineinfüllen kann.

«Es gibt immer wieder Heiratsschwindler, die das Zeug mit billigem Schnaps panschen, nur um Eindruck zu schinden», erklärte Gufu. «Bevor man den Maotai-Schnaps eingießen kann, musst du kräftig auf den Boden der Flasche schlagen.»

Er zeigte es mir, und die klare Flüssigkeit gluckerte in die Gläser, bis die Flasche halb leer war.

«Du kannst auch Tee trinken. Du musst keinen Schnaps trinken», sagte Gufu zu mir.

«Ach, wenn ich die Gelegenheit habe, Maotai zu trinken, sage ich nicht nein.»

«Na, dann ist es gut.» Gufu stieß mit mir an, und ich achtete darauf, dass ich mein Glas dabei tiefer hielt als er das seine. So zeigt man in China die soziale Unterordnung an. Der Maotai brannte mir ein Loch in die Speiseröhre.

Das Essen kam, und Gufu guckte noch immer etwas finster aus der Wäsche.

«Gufu ist eine Thermoskanne», sagte schließlich seine Frau Gugu, eine rundliche, aber resolute Person. «Außen kalt und innen warm.»

«So sind wir Norddeutschen auch», sagte ich. «Am besten ist es, man macht die Thermoskanne einfach auf und kippt ein bisschen Maotai hinein. Dann geht es.»

Allgemeines Gelächter.

«Siwen, ich weiß nicht, wie es in Deutschland ist», Gugu

schien es sich zur Aufgabe gemacht zu haben, mich nach dem Moralbeauftragten-Handbuch zu interviewen. «Aber in China werden die Aufgaben in der Familie geteilt. Die Frauen sind für die kleinen und alltäglichen Sachen zuständig und die Männer für die großen Dinge.»

«Allerdings gibt es für chinesische Frauen keine wirklich großen Sachen», ergänzte Dingding. «Die meisten sind Kleinigkeiten.»

«Da hast du recht», stimmte Gugu zu.

«Wer entscheidet denn, ob etwas eine große oder eine kleine Sache ist?», wollte ich wissen.

«Das entscheiden immer die Frauen», sagte Gugu.

«Zum Beispiel ist der Mann dafür zuständig, eine Wohnung zu kaufen», beteiligt sich meine zukünftige Schwiegermutter am Gespräch.

«Das Aussuchen der jeweiligen Wohnung fällt aber sicher doch in den Zuständigkeitsbereich der Frauen?», vermutete ich.

«Genau, das ist ja nur eine kleine Sache», sagte Guma.

«Das klingt gerecht.»

Der Gufu hatte genug von diesen Frauenthemen und deutete mir an, mich neben ihn zu setzen. Er trank noch einen Schluck von dem Maotai.

«Der heutigen Generation geht es besser», sagte er plötzlich. «Viel besser als uns. Jetzt geht es uns gut. Wenn es meiner Nichte gut geht, dann geht es mir gut. Wenn es meiner Nichte schlecht geht, dann geht es mir schlecht.»

Gufu sah mich an.

«Komm, schenk mir noch ein Glas ein. Du hast ein gutes Herz.»

Am nächsten Tag besuchten wir noch die Familie von Dingdings Mutter. Die Dayi und der Dayifu empfingen uns sehr freundlich in einer antiquarisch möblierten Wohnung. Dayifu trank seinen Tee direkt aus einer kleinen Teekanne. Es sah so aus, als würde er an einer Pfeife ziehen.

«Das ist aber eine schöne Art, Tee zu trinken», sagte ich. «Diese kleine Kanne ist lustig.»

Dayi freute sich.

«Hier, ich schenke sie dir.»

«Nein, nein!» Ich protestierte. «So war das doch nicht gemeint.»

Auch als ich die kunstvoll gestickte Tischdecke bewunderte, wollte Dayi sie gleich einpacken. Von da an hielt ich mich mit Lobesworten ein wenig zurück und streichelte lieber den anwesenden Rauhaardackel. Den würde man sicher behalten wollen.

Irgendwann an diesem Abend kam die Dayi, eine elegante und für chinesische Verhältnisse ziemlich groß gewachsene Dame, auf uns beide zu und fragte, was es denn mit den beiden Ringen auf sich habe. Hätte ich vielleicht etwas zu verkünden? Ich war etwas überrascht und auf eine chinesische Antragsrede nicht sonderlich gut vorbereitet. Außerdem fürchtete ich, dass ich in der Aufregung sämtliche Töne durcheinanderbringen würde und man mir womöglich doch noch den Rauhaardackel schenkte. Ich hielt eine improvisierte Rede auf Deutsch, die Dingding übersetzte. Ich sagte, dass wir beschlossen hatten zu heiraten und dass wir nach der Hochzeit nach Deutschland gehen wollten. Die Familie sei herzlich eingeladen, uns dort zu besuchen. Ich fühlte mich ein wenig, als würde ich ein Kind entführen.

Durch die Ein-Kind-Politik und die Wanderungsbewegung in die Metropolen werden immer mehr alte Leute in ihren Heimatorten zurückgelassen. In China gibt es ein Wort, das diese Situation beschreibt: Kongchao – leeres Nest.

Nainai und Laolao

16 Laolao, die Großmutter mütterlicherseits, lernte ich sehr früh kennen, weil sie bei Dingdings Eltern wohnte. Manchmal. Manchmal wohnte Laolao auch bei Dingdings Onkel oder bei der Tante. Je nachdem, wo es gerade am besten passte. Laolao brauchte keine Betreuung, aber ganz allein konnte sie auch nicht mehr wohnen. Und so wuselte Laolao immer durch eine andere Wohnung.

«Aya, was ich alles erlebt habe!», sagte sie manchmal und schlug sich dabei auf die Oberschenkel. Sie spricht in einem Shandong-Kauderwelsch-Dialekt und hat obendrein kaum noch Zähne im Mund: Hörverständnisübung, maximale Niveaustufe.

Laolao hatte schon seit fünfundzwanzig Jahren so gut wie keine Zähne mehr. Da war sie noch knackige siebzig. Aber ein Gebiss wollte sie nicht.

«Das lohnt sich nicht mehr», sagte sie. Und auch ihr Schwiegersohn konnte sie nicht davon überzeugen, dass sie wirklich mehr als genug durchgemacht hatte, um ein Gebiss zu verdienen.

«Sieh doch nur, wie alt du geworden bist», sagte er später zu ihr. «Ein Gebiss wäre damals eine sinnvolle Anschaffung gewesen. Ich kaufe dir auch jetzt noch eins, wenn du möchtest.»

«Aya», antwortete Laolao. «Vielleicht wäre es gut. Dann könnte man mich besser verstehen. Ich habe Geschichten zu erzählen. Es ist eine Schande, dass ich kaum lesen und schreiben kann.»

Laolao ist in einem Shandonger Dorf aufgewachsen. Ihr Mann, der Laoye, war Handelsvertreter, immer unterwegs durch Städte und Ortschaften fern der Heimat. Auf einer dieser Reisen verliebte sich Laoye unsterblich in ein wunderschönes Mädchen. Es war die Tochter eines Reisbauern, und sein Herz sprang vor Freude in die Luft, wenn er sie auch nur ansah. Doch es war damals nicht üblich, sich einfach so zu verlieben. Die Ehen wurden arrangiert, romantische und freie Liebe war verpönt. Sie war ein Laster, eine Versuchung, und sie war gefährlich. Aber Laoye liebte diese Frau. Gegen jeden Widerstand wollte er mit ihr zusammen sein. Sie tauschten zarte Küsse. Sie schmiedeten Pläne. Sie glaubten an die große Liebe. Dann kam der Brief. Laoyes Mutter sei schwer krank, er müsse sofort nach Hause. Layoe gab der Liebe seines Lebens einen Abschiedskuss und versprach, schnellstmöglich zurückzukommen.

In seinem Dorf erwartete ihn sein Vater mit einer Tracht Prügel. Seine Mutter war nicht krank. Es war eine Lüge, um ihn heimzuholen. Was er sich einbilde! Wie könne er das seinen Eltern antun! Schließlich war er längst einer Frau aus dem Nachbardorf versprochen. «Men dang hu dui» – die Türen, die Häuser, die Familien, sie passten zueinander. Der

Rat der Familie hatte entschieden, und im nächsten Monat sollte die Hochzeit mit einer Frau gefeiert werden, die Laoye noch nie zuvor gesehen hatte.

Er wollte davonlaufen. Aber man sperrte ihn ein. Er schrieb der Geliebten einen Brief. Aber der Brief wurde abgefangen. Eine Woche fluchte, weinte, klagte und bettelte Laoye. Nach zwei Wochen wurde sein Widerstand schwächer. In der dritten Woche schlief er keine Nacht.

In der vierten Woche erwog er, vielleicht doch einmal einen Blick auf die Frau zu werfen, die ihm das «rote Mädchen» – inzwischen wusste ich, dass man so die traditionellen Ehevermittler nennt – ausgesucht hatte. Vielleicht war sie ja gar nicht so übel, und fliehen konnte man auch später noch.

Auf der Hochzeitsfeier lüftete er mit einer Waage den Schleier der Braut. In der Blüte ihrer Jugend stand sie vor ihm. Ein bezauberndes, zartes Wesen von gottgleicher Schönheit: Laolao.

Das mit dem Fliehen, dachte sich Laoye, das verschiebe ich erst einmal.

Sie wurden ein glückliches Paar.

Die Jahre vergingen, die Japaner kamen. Dieses Mal floh Laoye wirklich, aber seine Frau nahm er mit. Im Chinesisch-Japanischen Krieg verließen die beiden das Dorf in der ostchinesischen Provinz Shandong und siedelten sich im Nordosten Chinas an, weil es dort weniger gefährlich war. Das war keine glückliche Wahl. Wieder gingen einige Jahre ins Land, wieder kamen Soldaten: Es war Bürgerkrieg, und sie waren mittendrin. Wieder flohen sie. Ihre Liebe wuchs, Laolao gebar vier Kinder. Alle Kinder starben noch vor dem zweiten Lebensjahr.

Sie gingen nach Tianjin und hatten gute Zeiten. Vier weitere Kinder kamen auf die Welt, zwei Jungen und zwei Mädchen. Laoye war fleißig und wurde Geschäftsführer in einer Fabrik. Bescheidener Wohlstand, hart erarbeitet, stellte sich ein. Die Kinder wuchsen auf, wurden langsam erwachsen. Laoye holte seine kleine Schwester aus dem Shandonger Dorf nach Tianjin, wo sie zu einer strammen Kommunistin wurde. Dann brach die größte Katastrophe herein. Mao Zedong rief die Kulturrevolution aus, und die Revolution der kommunistischen Jugend zerstörte die Herzen und den Verstand der Menschen.

Laoye wurde zum «Rechtsabweichler» erklärt, zum Kapitalisten, Freiwild der ideologischen Hetze. Jahrelang trug er tagsüber ein Schild um den Hals, auf dem seine Sünden für jedermann sichtbar geschrieben standen. Er wurde zur Zwangsarbeit in den Kuhstall geschickt und gedemütigt. Laoye verlor fast alles. Auch die kleine Schwester verleugnete ihren Bruder. Sie sagte sich von ihm los und wollte nichts mehr mit ihm zu tun haben. Laolao stand ihm zur Seite. All die Jahre, immer in Angst um ihr Leben und um das ihres Mannes.

Laolaos liebste Beschäftigung war das Fernsehen. Wenn ich zu Besuch war, stand sie meist vor dem Fernseher – irgendwie schien Laolao das Fernsehen für etwas zu halten, das man im Stehen macht. Historische Serien sah sie am liebsten. Für mich ist das chinesische Fernsehen in all den Jahren eine verrückte Veranstaltung geblieben. Abgesehen von den «Informationssendungen» der Partei, die die «Aktuelle Kamera» modern wirken lassen, laufen meist Talkshows, in denen die Gäste manchmal komische Masken tragen, damit man sie nicht erkennt. Manchmal springt auch ein gelber Affe mit einem Mönch und einem schlecht erzogenen Schwein durch die Kanäle. Die Werbung besteht zu etwa neunzig Prozent aus Reklameclips für medizinische Produkte und Nahrungsergänzungsmittel: «Blaue Flasche, gute Flasche. Blaues Calzium, leckeres Calzium»; «Bauchschmerzen, es geht auch anders»; «Kräftiges, schwarzes Haar: Nur mit Ginseng und Dr. Wang. Der echte Dr. Wang!»

Und dann gibt es diese obskuren historischen Seifenopern. Das sind Sendungen, in denen die Frauen weite Gewänder tragen und die Männer merkwürdig frisiert sind. Je nach Dynastie, in der die Geschichte angesiedelt ist, trägt man die Haare hochtoupiert oder rasiert bis auf eine runde Stelle oberhalb der Stirn, mit Zopf oder ohne. Es geht um Intrigen am Hofe des Kaisers, um rachsüchtige Konkubinen, verschlagene Berater und verführbare Machthaber.

Eines Tages, der Rest der Familie hielt noch Mittagsschlaf, saßen Laolao und ich zu zweit vor dem Fernseher. Das heißt, ich saß. Sie stand. Eine heimtückische Konkubine hatte es gerade auf die Spitze getrieben und einen teuflischen Plan gefasst.

«So machen wir es!», sagte die kaiserliche Mätresse finster zum Eunuchen.

«Ta made!», zischte Laolao.

Laolao sagte es leise, aber ich hatte es genau verstanden. Und nachdem sie es gesagt hatte, räusperte sie sich kurz und sah mich verlegen an.

«Ta made» ist ein Schimpfwort, das die chinesischen Taxifahrer oft benutzen. Um es harmlos zu formulieren: Es ist das chinesische Äquivalent zu der auch in der englischen Sprache verwendeten pejorativen Bezeichnung inzestuöser Liebesbeziehungen.

Dass sie fluchen konnte, das wusste ich schon. Wenn sie auf dem Gemüsemarkt einkaufen ging, dann nahm sie eine kleine Taschenwaage mit. Sie wog die Karotten und die Jamswurzeln sicherheitshalber noch einmal nach, weil sie befürchtete, dass man sie mit manipulierten Waagen um ein paar Gramm betrügen könnte. Und oft genug hatte sie damit recht.

Auch diese Angewohnheit stammte aus schlechteren Zeiten. Während der Hungerperiode zur Zeit des «Großen Sprungs», dem brutal gescheiterten Entwicklungsplan, gab es so wenig, dass Laolao die Blätter von den Bäumen essen musste. Wenn man in ihrer Gegenwart einen Tropfen Speiseöl verschwendete, schimpfte sie wie ein Rohrspatz. Mit der chinesischen Überflussgesellschaft hatte sie verständlicherweise ihre Probleme. Die meiste Zeit ihres Lebens stapelten sich im Herbst die Kohlköpfe in den Hausfluren, die für den Winter reichen mussten. Und noch heute beginnt Laolao jedes Jahr im Herbst, die Nahrungsmittel zu horten.

Laolao musste nicht alles wissen. Eines Tages sah sie Dingdings Bahnticket auf dem Wohnzimmertisch liegen und regte sich auf.

«Was ist das? Eine Fahrt nach Beijing kostet jetzt fünfundfünfzig Kuai! Das darf doch nicht wahr sein.»

Dingding log und sagte ihr, dass es ein Hin- und Rückfahrtticket sei.

«Das sind ja immer noch über zwanzig Kuai. Eine Frechheit ist das», befand die alte Dame. Zwanzig Kuai waren damals etwa zwei Euro. Für hundertzwanzig Kilometer mit einer ultramodernen Hochgeschwindigkeitsbahn.

Ein anderes Mal empörte sie sich während einer Busfahrt: «Sogar der Bus ist teurer geworden. Zwei Kuai!»

Laolao war sauer. Aber Dingding beruhigte sie. Die Fahrpreiserhöhung auf zwei Kuai hatte vor über zehn Jahren stattgefunden. So lange war Laolao nicht mehr mit dem Bus gefahren.

Die Mutter meines Schwiegervaters, die Nainai, sah ich

nur ein einziges Mal. Da war sie bereits tot und erinnerte an eine ägyptische Mumie. Sie lag aufgebahrt in einer mit roten Spruchbändern geschmückten Halle. Dingding weinte. Mein Schwiegervater weinte erst einige Wochen später. Während er die zweitägige Beerdigungsfeier orchestrierte und sich um jedes Detail kümmerte, ließ er sich nichts anmerken. Hoch konzentriert dirigierte er den konfuzianischen Zeremonienmeister, wies die Gäste an, wann sie einen Kotau zu machen hatten, und passte auf, dass die Blumengestecke, die wir auf der Straßenkreuzung verbrannten, kein Großfeuer auslösten. Er stellte die Räucherstäbchen und das Porträt seiner Mutter auf den Altar neben die Opfergaben.

Auch als jüngster Sohn der Familie war er es gewohnt, sich um so etwas zu kümmern. Still sitzen konnte er ohnehin nicht. Bei der Beerdigung wirbelte er herum, und danach, während des Essens, füllte er die Schnapsgläser und passte auf, dass die Kellner nicht bei der Rechnung schummelten. Erst viel später, nach der Seebestattung, bei der die Asche der Nainai in der Tianjiner Hafenbucht verstreut wurde, weinte er.

Nainai war eine sehr gebildete Frau. Sie hatte bei der Tianjiner Handelskammer gearbeitet. Als Dingding und ich ein Paar wurden, war sie bereits schwer krank und musste betreut werden. Sie lebte in einem Altenheim, und ihre Kinder besuchten sie. Auch Dingding besuchte sie. Aber von mir erzählte sie ihrer Großmutter nie etwas. Bis zu ihrem Tod hat Nainai nie erfahren, dass ihre Enkelin einen Ausländer heiraten wollte. Man wollte sie schonen. Nainai war im hohen Alter eigensinnig geworden, und sie mochte ohnehin keine Ausländer. Ich weiß nicht, warum, aber Dingding musste ihr schon als Kind versprechen, auf keinen Fall einen Fremden zu heiraten. Vielleicht hat der Vertrag von Tianjin, der 1858 den Opiumhandel gesetzlich erlaubte und durch den die Kolonialherren die Chinesen in ihrem eigenen Land zu Menschen zweiter Klasse machten, bei einigen Tianjinern eine lang anhaltende Abneigung gegen Ausländer hinterlassen. Vielleicht.

Dingding hatte einen Plan. Ich sollte mir die Haare schwarz färben, und wir würden Nainai besuchen. Dingding wollte ihr sagen, dass ich ein Chinese sei. Aus Xinjiang, da sehen die Menschen etwas westlicher aus. Ich hätte dabei immer nur genickt, haufenweise chinesische Sprichworte aufgesagt, und Nainai hätte schon gewusst, was los ist. Aber bevor wir unsere Idee in die Tat umsetzen konnten, ist Nainai gestorben.

Die Kirche im Dorf

17 Es war schon lustig mit Dingding in Deutschland. Wir waren zum zweiten Mal zusammen in meiner Heimat, die wichtigsten kulturellen Hürden hatte sie bereits genommen. Am lustigsten wurde es, als wir in einer Salzwassertherme einen Wellnessnachmittag verbrachten. Dingding hatte zuvor schon am Strand von Timmendorf darüber gemeckert, dass die Deutschen es als «Freikörper*kultur*» bezeichnen, sich mit dem nackten Hintern in den Sand zu setzen. Das war ja wohl eher das Gegenteil von Kultur, befand sie. Dann betrat sie die Sauna. Dingding sah sich irritiert um. Nanu, warum hatten sich denn die ganzen Männer in die Frauensauna verirrt, oder war es umgekehrt? Und warum bemerkte das denn gar keiner hier? Was für ein Durcheinander!

Gemischte Sauna, so etwas gibt es in China nicht. Aber Dingding ist eine starke und mutige Frau. Sie überwand sich, so wie ich mich das erste Mal beim Betreten einer Hutong-Toilette überwunden hatte. Der Gesichtsausdruck war der gleiche.

An der Ostseeküste gefiel es Dingding gut. Die frische Luft, die Dünen. Nur mit den Strandkörben hatte sie so ihre Probleme. Auf der Terrasse meiner Eltern hatte Dingding den ersten Kontakt mit dem blau-weißen Ungetüm gemacht. Sie betrachtete es, ging langsam und vorsichtig drum herum, und wunderte sich, was für ein komisches und schwerfälliges Ding das doch sei. Bereitwillig erklärte ich ihr diese Erfindung der Nordeuropäer.

«Seltsam», befand sie.

Als wir dann eine Woche später mit dem Auto an den Timmendorfer Strand fuhren, sah mein gut gelaunter Schatz die vielen Strandkörbe und begann plötzlich zu fluchen.

«Was ist denn?», fragte ich sie. «Warum schimpfst du denn?»

«Mist!», sagte sie. «Jetzt haben wir ganz vergessen, unseren Strandkorb mitzunehmen. Alle anderen haben daran gedacht. Nur wir nicht!»

«Ja, das ist wirklich ärgerlich», sagte ich.

Ich habe keine Ahnung, wie meine zukünftige Ehefrau sich das vorgestellt hatte. Wir waren mit dem alten Ford Ka meiner Mutter unterwegs. Auf dem Dach? Im Kofferraum?

Wir mieteten einen Strandkorb. Dingding setzte sich hinein, aber ganz glücklich war sie nicht. Man merkte, dass sie noch immer ein bisschen sauer war, dass dieses klobige Gerät sie so veräppelt hatte.

Aber wir waren nicht nur zum Spaß in Deutschland. Unser zweiter Deutschlandtrip hatte noch einen anderen wichtigen Grund. Nachdem wir die chinesischen Verwandten davon überzeugt hatten, dass in unserem Fall eine interkulturelle Eheschließung vielleicht sogar funktionieren konnte, machten wir jetzt einen Besuch in Deutschland, um Dingding dem Rest meiner Familie vorzustellen. Sie hatte noch nicht alle meine Biaoges, Gumas und Jiujius kennengelernt. Das holten wir nun nach.

Meine Eltern hatte ich nach dem Heiratsantrag nur mit einer kurzen E-Mail darauf vorbereitet, dass wir den Plan gefasst hatten, eventuell in den Stand der Ehe zu treten. Auf weitere Details verzichtete ich. Meine Mutter nahm mir das ein wenig übel. Die Ehe ist ja keine große Sache. Und die kleinen Sachen entscheiden immer noch die Frauen, so ist es auch in Brunsbek. Aber ich wollte zunächst herausfinden, ob und wie sich dieses kühne Vorhaben einer deutsch-chinesischen Hochzeit überhaupt umsetzen ließ.

Ein deutscher Kollege, der mit einer Chinesin verheiratet ist, hatte mir erzählt, dass die Familie seiner Frau als Bedingung für die Eheschließung von ihm verlangte, sämtliche Ausbildungskosten der Tochter zurückzuerstatten. Eine solche Ablösesumme ist in China noch immer üblich. Für den Transfer einer gut erhaltenen Fünfundzwanzigjährigen verlangen Familien von zehntausend Euro aufwärts.

Also wäre es doch gut, zu wissen, ob ich mir die Frau an meiner Seite überhaupt leisten konnte, bevor ich mit meiner Mutter über die Farbe der Tischdeko diskutierte. Es wäre unangebracht gewesen, wenn ich zu meinen Eltern gesagt hätte: «Mama, Papa, wir heiraten. Nun ja, wahrscheinlich zumindest. Es werden Gespräche geführt. Beide Parteien haben den Willen gezeigt, Kompromisse einzugehen, und derzeit stehen die Chancen gut, dass der Handel zustande kommt. Wenn nicht, wäre in der nächsten Saison vielleicht eine andere junge Dame wechselwillig. Ihr Management ist sehr kooperativ.»

Nein, bevor meine Mutter sich Gedanken über Blumenschmuck und Tischkarten machen konnte, wollte ich die Rahmenbedingungen in Erfahrung bringen. Es kam dann nicht so schlimm wie erwartet. Mein Schwiegervater sagte: «Du musst mir kein Geld für meine Tochter geben. Es ist mir viel wichtiger, dass ich weiß, dass sie in guten Händen ist.»

Meine Schwiegermutter sagte: «Nimm sie bloß mit. Sie ist so ein anstrengendes Kind. Wenn du es mit ihr aushältst, dann kannst du sie haben.»

Wir beschlossen, zweimal zu feiern. Einmal chinesisch und einmal deutsch. Wegen des «Ja-Moments». Meine baldige Frau wusste anfangs noch nicht einmal, was ich mit «Ja-Moment» meinte. Es musste nicht unbedingt das klassische «Willst du» sein. Ich hätte mir durchaus Varianten vorstellen können.

«Willst du, lieber Han Siwen, die hier anwesende Wu Dingding zu deiner dir angetrauten Ehefrau nehmen, jeden noch so scharfen Feuertopf mit ihr teilen und auch beim Karaoke nicht nur gelangweilt am Bier nuckeln?»

«Ja, ich will.»

«Willst du, liebe Dingding, den hier anwesenden Han Siwen zu deinem dir angetrauten Ehemann nehmen, den Gestank der jauchegetränkten Felder als ‹frische Landluft› bezeichnen und Gespräche über Fußball und Wetter für die wesentliche zwischenmenschliche Kommunikation halten?»

«Ja, will ich.»

Aber all das gab es in China nicht.

Mein Vater tat mir den Gefallen, sich in meiner Abwesenheit in der Hauptkirche unserer Gemeinde danach zu erkundigen, ob denn auch eine marxistisch-atheistisch erzogene Chinesin vor Gott getraut werden könne. Wie mein Vater mir später berichtete, hatte er das Gespräch mit dem

Pastor genutzt, um sich über den Niedergang der Tradition zu beklagen. Bis vor kurzem gab es in unserem Dorf eine kleine Kapelle, in die ich früher zum wöchentlichen Konfirmandenunterricht gegangen war. Dieses Zentrum des religiösen Lebens sollte aufgrund schrumpfender Besucherzahlen aufgegeben werden. Mein Vater plädierte dafür, dass man doch bitte schön die «Kirche im Dorf lassen» solle. Er werde seine Thesen notfalls auch an die Kirchtür tackern, drohte er halb im Spaß. Als «Luther von Stormarn» wollte er in die Geschichte eingehen.

Später berichtete ich Dingding, dass wir kirchlich heiraten könnten.

«Muss ich dafür in die Kirche eintreten?», fragte sie mich.

«Nicht nötig», antwortete ich.

Viele Chinesen haben zum Glauben eine sehr distanzierte Einstellung. Sie sehen keinen großen Unterschied zwischen Religionen und warmen Wollsocken: Je mehr man davon hat, desto besser. Und nur weil man die eine Lehre bevorzugt, ist das noch lange kein Grund, nicht auch die andere zu praktizieren. Ich habe einmal einer Studentin geholfen, sich für ein Promotionsstudium in Deutschland zu bewerben. Sie zeigte mir eine Ausschreibung der katholischen Kirche. Darin stand, dass die Zugehörigkeit zu einer christlichen Religion für das Stipendium verpflichtend ist. Als ich sie darauf hinwies, sagte sie: «Warum? Ich kann doch Christin werden? Oder gibt es da eine Aufnahmeprüfung?»

«Nein», sagte ich. «Nein.»

Dingding hatte nicht vor, in die Kirche einzutreten. Aber sie fand es schön, kirchlich zu heiraten, weil es so deutsch und traditionell ist. Und das Beste daran: Der Pastor war wirklich ein Pastor und kein französisches Freizeitmodel. Er hatte uns zu einem Vorgespräch eingeladen und empfing uns am Abend im Arbeitszimmer seines Privathauses. Interessiert an den fremden Sitten, an Dingdings Eindrücken von Deutschland und an unseren verschiedenen Kulturschockerlebnissen, unterhielten wir uns lange. Später am Abend, nachdem wir die Formalitäten, die Kirchenlieder und den Ablauf besprochen hatten, bat der Pastor mich, den Raum zu verlassen. Er würde uns beide getrennt voneinander befragen und unsere Antworten in seine Traurede einbauen. Zugleich war es ein Test, ob wir auch wirklich zusammenpassten.

Es stellte sich heraus, dass Dingding und ich tatsächlich zueinandergehörten. Nur auf die Frage «Welchen Traum wollt ihr euch gemeinsam erfüllen?» hatten wir sehr unterschiedlich geantwortet.

«Eine Wohnung und ein Auto kaufen», sagte ich.

«Glücklich und zufrieden miteinander leben», war Dingdings Antwort.

Ich lebte wohl schon zu lange in China, und Dingding war vielleicht schon zu lange mit einem Deutschen liiert.

Auf die Frage «Was stört Sie an Ihrem Mann?» hatte meine zukünftige Ehefrau Folgendes geantwortet:

«Manchmal nervt er insgesamt ganz schön.»

Später im Auto erzählte mir Dingding, dass der Pastor daraufhin verständnisvoll genickt hatte.

«Das muss in der Familie liegen.»

Dann hatte er den Kopf geschüttelt und etwas Unverständliches von Luther von Stormarn gemurmelt.

Verdammte Flusskrebse

18 Unser Hochzeitsvideo wurde im chinesischen Internet achtzigtausend Mal angesehen. Dingding und ich sind sogar ein bisschen berühmt. Und das kam so.

Das chinesische Fernsehen ist grauenhaft, die Zeitungen sind gähnend langweilig, und auf dem Buchmarkt werden die spannenden Themen zensiert. Aber zum Glück gibt es ja noch das Internet. Junge Chinesen verbringen ihre freie Zeit «auf dem Netz», wie sie sagen. Sie sitzen in riesigen Internetcafés, wo die Jungs auf den Bildschirmen das Blut eimerweise vergießen. Die Mädchen üben mit Tanzsimulatoren Choreographien ein oder schreiben blumige Blogeinträge. Seit es Smartphones gibt, ist China durchgehend online. Chinesen lieben Smartphones so sehr, dass Gollums Beziehung zum Ring im Vergleich dazu wie ein harmloses Faible erscheint.

Im chinesischen Internet tummeln sich aber auch die staatlichen Zensoren. Sie werden als «Hexie», «Flusskrebse», bezeichnet, weil das wie das chinesische Wort für «Harmonie» klingt. Wer in China bei Harmonie noch an Konfuzius und ein friedvolles Miteinander denkt, der hat das letzte Jahrzehnt verschlafen. Heute steht das Wort für die staatliche Zensur. Kontroverse Meinungen, eigenständige politische Standpunkte, ausländische Einflüsse, alles, was den offiziellen Stellen nicht in den kommunistischen Kram passt, kann «harmonisiert» werden. Die Flusskrebse sind aber keine Alleinherrscher im chinesischen Internetzoo. Dort leben auch die «Grasschlammpferde». Geschickte Grasschlammpferde, ungehorsame Netzbewohner, lassen sich nicht so einfach harmonisieren. Gegen sie sind die Flusskrebse so machtlos wie normales Insektenspray gegen Pharaoameisen.

Die chinesische Zensur ist ein Übel, ein Relikt aus einer nur scheinbar vergangenen Zeit, das hinter der Fassade der Modernität immer wieder sein hässliches Antlitz zeigt. Sie ist der verlängerte Arm einer hierarchischen Gesellschaft. Stadtchinesen empfinden den staatlichen Kontrollwahn als Schikane. Sie sehen keinen Grund dafür, warum ihnen der freie Zugang zur Netzgemeinschaft verwehrt wird.

Ansonsten sind die Studenten in China unpolitisch, oder sie behalten ihre Meinung – wenn es nicht gerade um die Japaner geht – in der Öffentlichkeit lieber für sich. Es stand zwar nicht auf dem Lehrplan, aber manchmal haben wir im Unterricht über tagesaktuelle Ereignisse diskutiert. Im kleineren Rahmen ist eine Diskussion, auch über Brisantes, weitgehend ungefährlich. Es gibt die sogenannten empfindlichen Themen, aber wenn man es behutsam angeht, kann man sogar über die drei großen Ts sprechen, über Tibet, Taiwan und Tiananmen. Solange es hinter geschlossenen Türen geschieht und man keine politischen Forderungen formuliert, bleiben Konsequenzen normalerweise aus. Die meisten ausländischen Lehrkräfte, die ich kennengelernt habe, sahen es, vielleicht zu Recht, ohnehin nicht als ihre Aufgabe an, den Studenten allzu oft ungefragt ihre Meinung darzulegen.

In der ganzen Zeit kam nur ein einziges Mal eine Studentin nach dem Kurs zu mir, um mir eine Frage zu stellen. Sie fragte mich, ob ich daran glauben würde, dass die Menschen in China in der näheren Zukunft in einem Land leben werden, in dem die Meinungsfreiheit nicht nur auf dem Papier besteht. Sie fragte mich auch, ob das Internet etwas dazu beitragen wird. Natürlich hatte ich keine eindeutige Antwort, aber ich vermutete, dass es in einem Zeitalter, in dem der freie und direkte Informationsfluss nur noch durch aufwändige Maßnahmen reguliert werden kann, immer schwieriger werden wird, die Meinung der Menschen zu zensieren.

Hin und wieder zeigten die Studenten gesellschaftliches Engagement. Beim verheerenden Erdbeben in Sichuan 2008 waren alle, nicht nur die Klassensprecher und Parteimitglieder, mit dem Herzen bei den Opfern und Rettungskräften. Sie sammelten Spenden und fuhren auf eigene Kosten in die Krisenregion, um vor Ort zu helfen. Damals herrschte ein Geist der Solidarität, der zwar von der Propaganda ausgenutzt wurde, aber dem Volk entsprang.

Diese Solidarität war anders als die formelhafte Selbstvergewisserung der politischen Kampagnen. Bei den von der Regierung initiierten Reanimationsversuchen des Sozialismus wurden alte Revolutionslieder gesungen und der Geist des Soldaten Lei Feng beschworen, der sich einst für die gute Sache in grenzenloser Heldenhaftigkeit auf eine Handgranate warf. In einem Lied ist diese Ruhmestat für die Nachwelt festgehalten: «Lerne von Lei Feng! Er ist unser Vorbild!» So sollen die Studenten sein, idealistisch, mutig, entschlossen, opferbereit.

Auch im Internet trifft man immer wieder auf streng linientreue Gesellen. Entweder sind sie wirklich vom real existierenden Sozialismus chinesischer Prägung überzeugt, oder aber sie sind Mitglieder der Fünf-Mao-Partei. So nennt man die staatlich bezahlten Kommentatoren, die für jeden regierungsfreundlichen Interneteintrag angeblich fünf Mao bekommen sollen.

Wer der Zensur und der Fünf-Mao-Partei entkommen möchte, muss einen Server mieten oder aber auf den kostengünstigen Server der Falun-Gong-Sekte zurückgreifen. Mich statteten damals zwei clevere Studenten mit der Software der Sekte aus. Sie ist weit verbreitet und ein bewährtes Werbemittel. Seit Falun Gong von der chinesischen Regierung verboten wurde, gibt man sich die größte Mühe, das verhasste System zu sabotieren. Ich persönlich finde die Weltanschauung der Falun-Gong-Sekte fast ebenso seltsam wie die der Kommunisten, ihre Software funktioniert aber ganz anständig.

Spätestens seit die Zensoren auch Facebook und Twitter hinter die «Chinese Firewall» verbannt hatten, blieb mir keine andere Wahl, als die virtuelle Befestigungsanlage zu untertunneln. Woher hätte ich denn sonst die ganzen süßen Katzenbilder bekommen? Die chinesischen sozialen Netzwerke waren damals noch im Entstehen begriffen. Erst nach der Blockade von Facebook und Twitter machten sich heimische Unternehmen daran, die Lücke zu füllen. Das «Mensch-Mensch-Netz» war eines der ersten sozialen Netzwerke. Weitere sollten folgen, allen voran Sina Weibo. Der chinesische Twitter-Klon wurde schon bald nach seiner Einführung zur chinesischen Agora, zum Diskussionsautomaten der Netzchinesen.

Im Jahre 2011 erlebte China dann zum ersten Mal, was es bedeutet, wenn ein gewaltiger Shitstorm durch die Netzwerke eines Landes mit 1,3 Milliarden Einwohnern zieht. Damals war ein Hochgeschwindigkeitszug entgleist, viele Menschen starben. Wie viele es genau waren, weiß man bis heute nicht, weil die offiziellen Stellen sich weigerten, die Passagierlisten zu veröffentlichen. Bei den Bergungsarbeiten – die eher hektisch getarnte Vertuschungsversuche waren – wurde ein kleines Mädchen, das man in den Zugtrümmern nicht gefunden hatte, fast verschrottet. In wütenden Internetkommentaren verfluchten die Chinesen das Eisenbahnministerium, einen ihrer Meinung nach korrupten Staat im Staate, und wünschten es zur Hölle.

Ich war beeindruckt von der chinesischen Viralkommunikation. Ein Obdachloser wurde über Nacht berühmt, weil jemand ein Foto postete, auf dem er provokant wie ein Model im Gammellook in die Kamera sah. Eine junge Frau, die beim Roten Kreuz arbeitete und sich mit einem teuren Sportwagen fotografieren ließ, wurde mit Hasskommentaren überschüttet. Auch die Funktionäre blieben nicht ungeschoren. Ein Apparatschik, der auf jedem Foto eine andere nagelneue Luxusuhr trug, wurde als «Bruder Uhr» verspottet und musste seine parteigegebene Macht mühevoll verteidigen.

Bei Weibo war was los, da wollte ich mitmachen. Dort wurde diskutiert, obwohl es immer wieder strenge Maßnahmen gegen die Protagonisten der Internetgemeinde gab. Das galt besonders für die Starblogger, die ihre Identität bekannt gegeben haben. Sie mussten und müssen mit Schikanen und beruflichen Konsequenzen rechnen, falls sie beim Tanz auf dem Vulkan den hohen Tieren auf die Füße treten.

Auch ich eröffnete einen Mikroblog. Kurz darauf zeigte mir Gérôme, der französische Model-Schauspieler, auf seinem iPad seinen eigenen Account. Er postete Fotos von seinem durchtrainierten Oberkörper. Nicht sonderlich aufregend, wie ich fand. Als ich aber sah, dass er über hunderttausend Follower hatte, staunte ich nicht schlecht. Ich war ein wenig neidisch auf so viel Internetruhm. Am Abend desselben Tages lag ich im Bett und dachte nach. Ich zeigte Dingding das Profil von Gérôme.

«Kannst du mir vielleicht sagen, warum der so viele Follower hat?», fragte ich.

«Die meisten Fans sind wahrscheinlich tot», sagte sie und gähnte.

«Tot? Warum sollten hunderttausend tote Chinesen Gérôme bei Weibo folgen?»

«Es sind Zombies.»

«Zombies», ich richtete mich im Bett auf. «Gérôme hat Zombiefans? Die steigen dann aus ihrer Gruft und gehen ins nächste Internetcafé, um zu checken, was bei ihm gerade so los ist?»

Ich wollte dieses sinnlose Gespräch beenden.

«Nein», sagte Dingding müde. «Das heißt doch nur so. Zombies. Tote Fans. Das sind Follower, die nur digital existieren. Fans kann man doch auch kaufen.»

Dingding erzählte mir, dass sie ständig solche Angebote bekomme, und zeigte mir eine Anzeige, in der hunderttausend qualitativ hochwertige Weibo-Fans zum sagenhaften Preis von vierhundert Yuan angeboten wurden. Ich fand das nicht sonderlich viel Geld, um von heute auf morgen eine Internet-Celebrity zu werden.

«Was willst du denn mit hunderttausend Zombies?», fragte Dingding.

«Ich möchte geliebt werden, egal, von wem. Und ich könnte meinen Freunden in Deutschland sagen, dass ich es in China zu etwas gebracht habe. Ja, ihr habt vielleicht ein Haus, ein Auto und ein Boot. Das kann doch jeder. Seht her! Ich bin stolzer Befehlshaber einer Armee chinesischer Zombies. Das würde mir gefallen.»

Dingding schüttelte den Kopf und tat das, womit Chinesen mich schon oft auf die Palme gebracht hatten. Sie sagte «Lan Yu Chong Shu», eines dieser rätselhaften Vierzeichensprichwörter. Manchmal dachte ich, sie hätten nur einen einzigen Zweck: den Ausländern die Überlegenheit der chinesischen Kultur zu demonstrieren. Hinter Dingdings vier Zeichen verbarg sich, wie sie mir gnädigerweise erklärte, die Geschichte eines Mannes, der zur Zeit der konfuzianischen Frühlings- und Herbstannalen lebte. Der Mann war eine ziemlich faule Nuss. Als er sich eines Tages dann aber doch eine anständige Arbeit suchen musste, entschied er sich, in einem Orchester die Flöte zu spielen. Das Orchester war ziemlich groß, und der Mann war sich sicher, dass es gar nicht auffallen würde, wenn sein Instrument einfach stumm blieb. Also machte er sich gar nicht erst die Mühe, das Flötenspiel zu erlernen. Jedes Mal, wenn das Orchester auftrat, bewegte er Mund und Finger fröhlich zum Takt. Der faule Mann hielt sich selbst für ziemlich clever. Bis eines Tages der alte Kaiser starb und ein neuer den Thron bestieg. Der neue Kaiser hörte gern Solodarbietungen.

Ich nahm mir Dingdings Weisheit zu Herzen und versuchte, auf ehrlichem Wege ein paar Fans anzulocken. Aber irgendwie war auf meinem Account nicht viel los. Weibo ist eine ziemlich bunte Angelegenheit, überall blinken verwirrende Buttons. Zahllose Arten von animierten Smileys trollen sich über den Bildschirm. Was könnte den Chinesen denn gefallen, fragte ich mich. Was kann ich ihnen anbieten? Für Politik und andere Nebensächlichkeiten schien sich jedenfalls niemand zu interessieren. Ich benannte mein Profil um und hieß von da an DeyulaoshiSven – DeutschlehrerSven. Ich postete Vokabellisten, lustige Wörter, Internethumor, Ausspracheübungen und alles Mögliche zum Thema Deutschland. Und tatsächlich: Nach kurzer Zeit hatte ich tausend Fans.

Aber das war mir nicht genug. Zombies hin oder her. Irgendwann fiel mir dann das Liebeslied wieder ein, das ich für Dingding umgetextet hatte. Das Lied heißt «Der warme Frühling der Liebe», und im Video wackle ich dazu lustig mit dem Kopf. Die Aufnahmen waren ursprünglich nicht für ein größeres Publikum gedacht, und entsprechend albern benahm ich mich darauf: Es war nicht gerade ein Video, das man jemandem zeigen sollte, von dem man danach noch ernst genommen werden will. Ich lud das Video bei Youku hoch, dem chinesischen YouTube-Klon, und schrieb: «Guckt mal alle her, Deutschlehrer Sven ist verrückt geworden.» Dann garnierte ich das Ganze noch mit animierten Fabelwesen, die in wilden Bewegungen um sich selbst kreisten, fuhr den Computer herunter und verließ das Büro.

Als ich am nächsten Tag die Weibo-Seite öffnete, verschüttete ich vor Schreck fast meinen Kaffee. Ich hatte über Nacht viertausend neue Follower, und auf der ganzen Seite routierten bunte Smileys vor Lachen um die eigene Achse. Etwas später fand eine Besprechung unserer Abteilung statt. Als ich den Raum betrat, wurde es ruhig.

«Ich muss mein Deutschlandbild revidieren», sagte eine Kollegin.

«Ich werde nie wieder mit dir reden können, ohne an dieses Video zu denken», sagte eine andere.

«Welche Art von Drogen nimmst du?», fragte eine dritte.

Seit diesem Tag verhalte ich mich im chinesischen Internet nach einem deutschen Zehnzeichensprichwort: «Ist der Ruf erst ruiniert, lebt es sich ganz ungeniert.» Weibo wurde zu meiner zweiten Heimat, zu meinem virtuellen Spielplatz. Ich wurde regelrecht süchtig. Eines Tages, nachdem ich etwa drei Stunden lang damit verbracht hatte, Mikroblogs zum Thema Deutschland aufzutreiben, Lieder umzutexten und im Anschluss weitere Bilder von Frau Merkel und Jogi Löw mit lustigen Kommentaren zu versehen, gestand ich Dingding, dass ich die ersten Symptome der gefährlichen Internetsucht aufwies und besser eine Therapie machen sollte. Dingding sagte darauf nur: «Ja, eine Therapie ist eine gute Idee. Aber am besten, du machst sie online.»

Noch immer bin ich gefangen in dieser Welt der bunten Smileys. Und ich werde damit wohl noch so lange weitermachen, bis die Flusskrebse beschließen, mich zum Grasschlammpferd zu erklären. Vielleicht dauert es ja gar nicht mehr so lange. Einmal postete ich, wie viele andere auch, am Jahrestag der Ereignisse auf dem Tiananmenplatz zum Gedenken eine virtuelle Kerze. Der Eintrag wurde innerhalb weniger Minuten gelöscht. Es müssen wirklich seltsame Menschen sein, die in China als Zensoren arbeiten. Vor kurzem kursierte die Ausschreibung für eine Stelle als Zensor. Das darin beschriebene Aufgabenprofil beinhaltete unter anderem: «Sichtung von pornographischem Material und Suche nach verstörenden Inhalten.»

Wer soll da denn noch normal bleiben?

Vielleicht harmonisieren die Zensoren mich ja wirklich irgendwann. Das wäre schade, denn das Motto, das ich auf meinem Profil in deutscher und chinesischer Sprache festgehalten habe, lautet:

«Ich teile Ihre Meinung nicht, aber ich würde mein Leben dafür einsetzen, dass Sie sie äußern dürfen.»

Das soll das Letzte sein, was die Flusskrebse von mir zu sehen bekommen, bevor sie mich löschen. Ein virtueller Schrei nach Freiheit, ein digitaler Braveheart. Und anschließend besorge ich mir dann eine anonyme chinesische Telefonnummer, kaufe eine nigelnagelneue Untotenarmee und werde wiedergeboren.

十九

Rote Finger

19 Wenn eine Chinesin und ein Deutscher in China heiraten, dann müssen vorher einige klitzekleine bürokra-
tische Hürden überwunden werden. Eigentlich kaum der
Rede wert. Am wichtigsten ist ein gültiges Ehefähigkeitszeugnis, mit dem die Heiratswilligen belegen, dass sie für
diesen Schritt qualifiziert sind. Als ich davon hörte, dachte
ich zuerst, dass ich meine geistige und körperliche Eignung
nachweisen müsste, mit einer Chinesin in den Stand der
Ehe zu treten. So eine interkulturelle Partnerschaft ist ja
nicht ganz ungefährlich. Da hat es durchaus Sinn, die Kan-
didaten zuvor von Amts wegen auf die Probe zu stellen. Ich
malte mir aus, was man mich fragen würde. Müsste ich auch
meine Qualitäten als Ehemann unter Beweis stellen? Wie
würde man das testen?

So war ich fast ein wenig enttäuscht, als ich erfuhr, dass
das Ehefähigkeitszeugnis lediglich bescheinigt, dass man
zum Zeitpunkt der Hochzeit noch nicht anderweitig ge-

bunden ist. Um es ausgestellt zu bekommen, brauchte ich eine Kopie meiner Geburtsurkunde, eine aktuelle Meldebescheinigung und eine beglaubigte Übersetzung von Dingdings Hukou-Heft. Das Hukou-System soll die gigantischen Wanderungsbewegungen der Bevölkerung eindämmen. Es verbietet den Chinesen, einfach von dem Ort, an dem sie per Hukou-System registriert sind, wegzuziehen. Viele machen es trotzdem und wohnen illegal, wie die Familie, die im Fahrradkeller unter unserer Wohnung in Beijing lebte. Der Hukou entscheidet auch darüber, wo man zur Schule gehen darf. Die Kinder der Wanderarbeiter haben ihren Hukou meist noch in ihrer Heimatprovinz. Falls die innerchinesischen Armutsflüchtlinge dann Wert darauf legen, dass ihre Kinder eine reguläre Schule besuchen, werden sie wie Eisen-Ei bei den Großeltern zurückgelassen. Und so wachsen in China Millionen von Kindern ohne ihre Eltern auf. Ob das besser ist, als seine Kindheit in einem Fahrradkeller einer versmogten Großstadt zu verbringen?

Dingding hat einen Tianjiner Hukou, und eine offizielle Umsiedlung nach Beijing wäre nur unter strengen Auflagen möglich gewesen. Also fuhr sie nach Tianjin und ließ eine englische Übersetzung der Meldebescheinigung anfertigen. Bei meinem nächsten Deutschlandaufenthalt sammelte ich dann meine Geburtsurkunde in Hamburg ein, fuhr damit zum Meldeamt in Berlin-Pankow und von da direkt und ohne über Los zu gehen zum Standesamt. Jetzt sollte man mir bescheinigen können, dass Dingding und ich zwei ehefähige Wesen sind.

Das Ehefähigkeitszeugnis musste nun auch wieder beglaubigt werden, und man riet mir sogar, es überbeglaubigen zu lassen, damit die deutsche Botschaft es auch wirklich akzeptieren und mir ein chinesisches Äquivalent ausstellen würde, mit dem man dann heiraten könnte. So ungefähr. Weil ich inzwischen übervorsichtig war, ließ ich das Ehefähigkeitszeugnis tatsächlich überbeglaubigen und übergab es überfreundlich einem Angestellten der deutschen Botschaft in Beijing. Der gab mir daraufhin einen Zettel.

«Bitte schön. Damit können Sie heiraten», sagte er.

Nach dieser bürokratischen Weltumrundung fiel ich zu Hause erschöpft in den Sessel.

In den folgenden Semesterferien, an einem Dienstag, beschlossen wir spontan, uns heute zu vermählen. Dingding hatte einen Tag freigenommen, und wir saßen morgens ein wenig müde am Frühstückstisch.

«Schatz», sagte sie, «wie wäre es, wenn wir heute heiraten?»

«Och nö!», sagte ich. «Nicht heute. Ich wollte doch heute den Duschvorhang anbringen und das Mückengitter reparieren.»

«Das kannst du doch auch heute Abend machen, wenn wir zurückkommen. Wir gehen kurz heiraten.»

«Meinetwegen. Dann lass uns aber gleich losfahren. Hoffentlich wird das nicht zu aufwendig.»

«Ach, das ist ein Kinderspiel», sagte Dingding. «Wenn man erst einmal heiratsfähig ist, ist das nur noch eine Formalie.»

«Dein Wort in Gottes Ohr», antwortete ich.

Weil Dingding Hukou-Tianjinerin ist, konnte sie sich nur in Tianjin trauen lassen. Wir setzten uns in ein Taxi und fuhren zum Südbahnhof, um von dort den Zug nach Tianjin zu nehmen. Ich hatte mir vorher ein frisch gebügeltes Hemd angezogen. Im T-Shirt wollte ich dann doch nicht heiraten. Dingding trug ein kurzes Sommerqipao. Aus dem Taxi riefen wir Dingdings Eltern an. Sie waren aus irgendeinem

Grund ganz aufgeregt. Sie hätten doch gar keine Geschenke, entschuldigten sie sich. Und wo wollten wir denn danach zum Essen gehen, fragten sie uns.

«In der Nähe des Einwohnermeldeamtes ist ein Burger King», meldete ich mich vom Nebensitz. «Ich nehme ein Whopper-Menü.»

Ich wollte auf jeden Fall vermeiden, dass Bofu jetzt feierliche Ansprachen vorbereitete. Dafür war ich noch nicht gewappnet. Er liebt Ansprachen, sie sind sein Spezialgebiet. Immer wenn man sich zum Essen setzt, spricht er einen Toast aus. Das wiederholt er dann in regelmäßigem Abstand: auf die Gesundheit, auf die Zukunft, auf die Familie und auf alles andere, was ihm gerade durch den Kopf geht. Er kann nicht einfach «Alles Gute zum Geburtstag!» sagen. Stattdessen geht es in etwa so:

«Han Siwen», hebt er an. «Hör mir gut zu. Es ist dein Geburtstag. Ein Festtag, ein Tag der guten Wünsche. Darum wünsche ich dir für das kommende Jahr drei Dinge.»

Außerdem ist Bofu auch ein großer Fan von Aufzählungen. Alles, was von Bedeutung ist, untergliedert er in seinen Reden in drei Punkte. Meistens werden es dann vier oder fünf Dinge, die er zu sagen hat. Oder auch sechs. Manchmal sieben. Damit nimmt er es nicht so genau.

«Han Siwen», beginnt er. «Ich wünsche dir drei Dinge. Drei Dinge, hast du verstanden?

«Ich habe verstanden», sage ich dann.

«Erstens wünsche ich dir Gesundheit. Denn Gesundheit ist im Leben das Allerwichtigste. Es ist wie mit den Zahlen. Die Gesundheit steht an der ersten Stelle. Wenn an der ersten Stelle keine hohe Zahl steht, dann helfen dir die anderen Zahlen auch nichts. 900 ist doch viel besser als 099. Wenn vorn eine Neun steht, dann ist dein Leben gut. Verstehst du?

Darum wünsche ich dir für dieses Jahr besonders viel Gesundheit. Denn die Gesundheit steht an erster Stelle.»

Mein Schwiegervater achtet sehr auf die Gesundheit und auf die Ernährung. Er macht regelmäßig Gymnastikübungen und trinkt Unmengen von grünem Tee. Das Zigarettenrauchen und das Schnapstrinken zählen für ihn zu den Berufskrankheiten. Als selbständiger Logistikunternehmer in China gehören Geschäftsessen und gesellige Runden zum professionellen Umgang mit Kunden und Partnern.

«Zweitens wünsche ich dir Glück», fährt er fort. «Denn Glück ist es, wonach der Mensch strebt. Das Glück ...» Und so weiter.

Seine Glückwünsche sind Beschwörungsformeln, regelrechte Zaubersprüche. Bofu ist der festen Überzeugung, dass man im kommenden Jahr tatsächlich keine Gesundheit, kein Glück, keinen Spaß und keinen Erfolg haben wird, wenn er es einem nicht gewünscht hat.

Auf dem Weg zum Bahnhof stand unser Taxi im berüchtigten Beijinger Stau. Es ist eigentlich gar kein Stau. Es ist der Normalzustand einer Stadt, die seit Jahrzehnten wegen eines chronischen Verkehrsinfarktes auf der Intensivstation liegt und für die nur der Gnadentod eine Lösung wäre. Denn auch nach der zehnten Bypass-Operation hat sich der Zustand des Patienten nicht verbessert. Wer in Beijing ans andere Ende der Stadt möchte, der sollte reichlich Proviant mitnehmen. An diesem Tag war der Stau besonders zäh und die Luft so schwül, dass mein frisches Hemd schon nach kurzer Zeit durchgeschwitzt war. Die klimatisierten Abteile der Hochgeschwindigkeitsbahn waren da eine willkommene Abkühlung.

Es war früher Nachmittag, als wir bei Dingdings Eltern ankamen, um ihr Hukou-Heft zu holen. In der Wohnung war es ruhig – Bofu und Bomu waren tagsüber bei der Arbeit, und Laolao, für die Couchsurfing zum Alltag gehörte, wohnte für ein paar Wochen bei Jiujiu. Während Dingding das Heft suchte, setzte ich mich zum Verschnaufen aufs Sofa und schlief ein. Als ich wieder aufwachte, war mein Hemd so zerknittert, dass es aussah, als hätte ich damit den Fußboden gewischt. Ich fühlte mich ähnlich. Dingding stand vor mir.

«Also, wenn wir heute wirklich noch heiraten wollen, dann solltest du jetzt vielleicht besser aufstehen.»

Und so standen wir Minuten später wieder an der Straße und warteten auf ein Taxi. Eine freundliche ältere Dame hielt mit ihrem türkisgrünen Toyota-Taxi neben uns.

«Wo soll es denn hingehen?», fragte sie.

«Zum Einwohnermeldeamt in der Yanwei-Straße.»

«Ach ja, immer diese elenden Behördengänge», sagte die Taxifahrerin.

«Wie recht Sie haben», sagte Dingding.

Nach einer Weile fuhren wir am Osttor der Nankai-Universität vorbei, dem Ort, an dem wir uns zum ersten Mal begegnet waren.

«Sieh mal, die gute alte Nankai», sagte ich. «Weißt du noch? Die Nankai hat uns das alles hier eingebrockt.»

«Ja, die ist schuld», schimpfte Dingding und lächelte.

«Woran ist die Nankai-Universität schuld?», fragte die Taxifahrerin.

«An allem», sagte meine zukünftige Ehefrau. «An allem.»

Das Tianjiner Einwohnermeldeamt war ein unscheinbares Verwaltungsgebäude. Auf den Gängen riefen sich die Staatsangestellten lauthals zu, welche Dokumente in welchem Zimmer vermisst wurden und wo welche roten Stempel fehlten. Es herrschte ein produktives Durcheinander.

Dingding meldete uns an einem Schalter an, und weil wir an diesem Nachmittag das einzige heiratsfähige Paar waren, wurden wir sofort in einen Raum mit einem großen Schreibtisch geführt. Darauf stand ein Schild mit der Aufschrift «Eheregistrierung». Daneben ein Faxgerät, ein rotes Telefon und ein schwarzes Telefon, außerdem Büromaterialien und einer dieser seltsamen Teebehälter, mit denen die Chinesen immer herumlaufen und die aussehen, als hätte man Marmeladengläser mit abgestandenem Tümpelwasser befüllt.

Wir saßen immer noch allein vor dem verwaisten Schreibtisch, als das rote Telefon zu klingeln begann. Daraufhin betrat ein etwa zwanzigjähriger Behördenangestellter in einem blauen Polohemd die Amtsstube, nahm den Hörer ab, diskutierte wild gestikulierend über ein falsch ausgefülltes Eheschließungsformular, um dann, ohne uns weiter zu beachten, den Raum wieder zu verlassen.

Zehn Minuten später kam ein zweiter Staatsdiener herein. Er war etwa achtzehn Jahre alt, hatte eine voluminöse Frisur wie aus einem japanischen Mangaheft und trug ein rosafarbenes Polohemd mit aufgestelltem Kragen. Er setzte sich uns gegenüber in den schwarzen Ledersessel und sah uns an.

«Heiraten?», fragte er Dingding in einem Chinesisch mit starkem Tianjiner Dialekt.

«Marry?», fragte er mich ebenfalls mit starkem Tianjiner Dialekt.

Wir nickten.

«One moment», sagte er und nahm den Hörer des schwarzen Telefons ab. Er wählte eine Nummer und begann ein Gespräch. Währenddessen holte er zwei Formulare aus einer Schublade.

«English paper», sagte er grinsend zu mir, während er die Sprechmuschel zuhielt.

Tatsächlich. Ich hielt die internationale Variante eines chinesischen Eheantragsformulars in der Hand.

«Welches Datum ist heute?», fragte ich Dingding.

«Der 15. September», sagte sie. «Das ist unser Hochzeitstag. Wie kann es sein, dass du das jetzt schon vergessen hast.»

Wir füllten die Formulare aus und übergaben sie dem halbwüchsigen Beamten im rosafarbenen Polohemd. Er warf einen flüchtigen Blick darauf und telefonierte weiter. Eine simple Eheschließung ist nun wirklich kein Grund, ein Gespräch zu unterbrechen. Dann reichte er uns – den Hörer zwischen Kopf und Schulter eingeklemmt – ein rotes Stempelkissen und gab uns die ausgefüllten Formulare zurück. Wir sahen ihn fragend an. Jetzt legte der Bengel das Telefon beiseite, sah mich an, streckte den Zeigefinger seiner rechten Hand aus und vollzog damit eine ausladende Bewegung durch die Luft, um am Ende auf dem Schreibtisch auf einen imaginären Knopf zu drücken.

«Wir sollen unsere Fingerabdrücke auf das Formular setzen?», fragte ich in halbwegs fehlerfreiem Hochchinesisch.

«Sie sprechen Chinesisch? Warum sagen Sie das denn nicht gleich?»

Beleidigt nahm er den Hörer in die Hand und ließ Dingding und mich mit unseren roten Zeigefingern unbeaufsichtigt den Bund der Ehe schließen. Kein «Sie können die Braut jetzt küssen». Stattdessen nahm er wortlos die Papiere entgegen und telefonierte weiter. Im Service inklusive war ein feuchtes Taschentuch zur Säuberung des Zeigefingers, das er aus einer Schublade hervorholte.

«Sind wir jetzt verheiratet?», fragte ich ihn.

«Ja, ich denke schon», sagte er.

Er warf einen Blick auf die Formulare, auf denen in roter Farbe jeweils ein klobiger norddeutscher und ein zarter nordchinesischer Zeigefingerabdruck prangten.

«Geht in Ordnung», sagte er.

Dann machte der junge Mann eine Handbewegung, als würde er zwei Hühner aus einem Gemüsebeet verscheuchen. Wir erhoben uns von den Stühlen, und ein weiterer Angestellter der Behörde kam herein – dieser im türkisfarbenen Polohemd – und forderte uns auf, ihm zu folgen. Wir würden nun das Doppelpassbild für den Hochzeitsausweis machen.

«Es gibt in China einen Hochzeitsausweis mit Doppelpassbild?», fragte ich erstaunt.

«Aber sicher. Wie wollen Sie denn sonst beweisen, dass Sie verheiratet sind?»

Schräg gegenüber der Heiratsstube war das Doppelpassbildfotografierzimmer.

«Es kostet dreißig Yuan», wurde uns mitgeteilt.

«Das zahlst du», sagte Dingding.

Der junge Mann wies uns zwei Plätze vor einer knallroten Leinwand zu. Kaum saßen wir, rief er «Qiezi» und drückte ab.

«Ist gut geworden», sagte er. Und dann machte er die gleiche hühnerverscheuchende Geste.

Auf den Doppelpassbildern in den beiden roten Heiratsheftchen sitzen zwei durchgeschwitzte Gestalten und blicken erschrocken in die Kamera.

Als mein Bruder dieses Heft eines Tages in die Hände bekam, sagte er nur: «Tolles Foto. Aber ein gebügeltes Hemd hättest du dir schon anziehen können.»

Nach der Eheschließung standen wir vor der Tür des Einwohnermeldeamtes und wussten nicht, wohin. Meine Ehefrau lehnte aufgrund stilistischer Bedenken einen Besuch bei Burger King pauschal ab, und so fuhren wir zu einer Filiale der amerikanischen Edel-Fastfoodkette «TGI Fridays». Wir setzten uns an die Bar, bestellten einen Singapore Sling und einen Long Island Ice Tea und genossen die Poesie des Augenblicks.

«Was für ein Tag», sagte ich.

«Es ist der 15. September», sagte meine Frau, weil sie mich falsch verstanden hatte. «Dass du dir das nicht einmal zwei Stunden merken kannst!»

«Was für eine Hochzeit», sagte ich.

Nach zwei weiteren Cocktails sagte meine Frau:

«Han Siwen. Ich liebe dich. Ich liebe dich, weil wir verheiratet sind.»

«Ach, wie schön», sagte ich.

«Du verstehst das nicht», ihre Zunge war ein wenig schwerer geworden. «Das war nett gemeint. Das ist eine Art Teufelskreis, das mit der Liebe.»

«Ein Teufelskreis?», fragte ich. «Das wird ja immer besser.»

«Ein Teufeskreis. Sehr richtig. Ich habe dich geheiratet, weil ich dich liebe. Und jetzt liebe ich dich, weil wir verheiratet sind.»

«Dingding», sagte ich. «Du bist und bleibst eine Romantikerin.»

Einige Jahre später saßen wir vor einem Schreibtisch in der AOK-Niederlassung von Berlin-Mitte. Wir wollten eine Familienversicherung beantragen, und die freundliche Sachbearbeiterin half uns dabei. Wir plauderten mit ihr über China, interkulturelle Ehen und unsere zukünftigen Pläne. Dann sagte sie plötzlich: «Nun müsste ich nur noch das Datum Ihrer Eheschließung wissen.»

«Das war im September, oder?», sagte ich.

«Oder war es nicht doch erst im Oktober?»

«Nein. Es war doch so warm damals.»

Die Sachbearbeiterin sah einen Moment lang so aus, als wolle sie dem Antrag auf Familienversicherung eine Notiz «Verdacht auf Scheinehe» hinzufügen.

«Warum kennen Sie Ihren Hochzeitstag denn nicht? So etwas weiß man doch.»

«Verdrängt», sagte Dingding.

Die Dame schüttelte den Kopf.

«Na gut», sagte sie. «Sie haben ja die beglaubigte Übersetzung der Heiratsurkunde mit den Unterlagen eingereicht. Da muss es doch vermerkt sein.»

Sie holte das Dokument hervor. Sie betrachtete das Dokument. Sie betrachtete uns. Sie betrachtete das Dokument skeptisch. Sie betrachtete uns skeptischer.

«Herzlichen Glückwunsch!», sagte sie. «Heute ist Ihr zweiter Hochzeitstag.»

«Oh. Das ist ja eine tolle Überraschung», sagte ich.

«Herzlichen Glückwunsch, Schatz!»

«Alles Gute zum Hochzeitstag, Liebling!», sagte Dingding.

Dann küssten wir uns. Nur damit keine weiteren Missverständnisse entstehen.

Von Schwänen, Hunden und Fischen

20 Tante Nana wollte kommen. Sie lachte wie Ernie aus der
Sesamstraße, und sie war nicht nur die große Schwester meiner Mutter, sondern gleichzeitig auch ihre beste
Freundin. Sie war meine Lieblings- und Patentante. Wenn
sie früher zu Besuch kam, freute sich unser Hund jedes Mal
wie verrückt. Andere Besucher nahm er zur Kenntnis, oder
er schnupperte ein wenig am Hosenbein. Bei Tante Nana
drehte er sich wild im Kreis und pinkelte vor Freude auf den
Fußboden. Tante Nana wohnte im Nachbardorf. Früher verbrachte ich viel Zeit in ihrer kleinen Praxis – sie hatte sich
als Heilpraktikerin selbständig gemacht –, um mich von al-
lergischen Beschwerden befreien zu lassen oder einfach um
sie zu sehen.

Umso größer war die Freude, als meine Mutter mir mit-
teilte, dass sie die erfolgreich vollzogene Eheschließung
durch den Teenager im rosafarbenen Polohemd zum An-
lass nehmen wollte, dem Reich der Mitte mal wieder einen

Besuch abzustatten, und zwar gemeinsam mit ihrer großen Schwester. Ich drehte mich nicht im Kreis und pinkelte auch nicht auf den Fußboden, aber ich freute mich schon sehr.

Meine Mutter war unbemerkt ein alter China-Hase geworden; es war bereits ihre dritte Reise. Beim letzten Besuch war sie acht Wochen geblieben und hatte sich, mit einem Taxi-Guide bewaffnet – die Namen der wichtigsten Orte in chinesischen Zeichen –, durch die Stadt geschlagen. Sie war Expertin im Erkennen von gaunerischen Machenschaften geworden, hatte ein gutes Auge für Restaurants und feilschte wie ein Profi.

Wir räumten das zweite Schlafzimmer unserer Hutong-Wohnung leer und stellten uns auf zwei weitere Mitbewohner ein. Mit den Pharaoameisen lebten wir seit einer Weile in friedlicher Koexistenz. Als meine Mutter zum ersten Mal die «neue» Wohnung betrat, war ihr die Enttäuschung anzusehen. Es hatte ihr gefallen, dass der Sohn in einem Penthouse residierte, und nun wohnte er in einer stinkenden Gasse. Dafür gefiel den beiden Schwestern der Blick aus dem Fenster sehr gut: Hatten vor der letzten Wohnung lieblose Wolkenkratzer die Sicht verstellt, die aussahen, als habe man sie aus überdimensionalen Legosteinen zusammengesetzt, rannten jetzt hordenweise drollige Kinder über den Innenhof des Kindergartens. Und wenn sie nicht gerade Stechschritt übten, erfreuten sich Tante Nana und meine Mutter an dem putzigen Anblick.

Meine Mutter zeigte ihrer Schwester den Himmelstempel, den Sommerpalast, den Lama-Tempel und die Verbotene Stadt. Wenn die Arbeit es zuließ, begleiteten Dingding und ich die beiden. Nur auf die Mauer wollte keiner von uns mit. Ich hatte diese große, alte Mauer schon so oft gesehen und alle erdenklichen Touren mitgemacht: geführt oder mit öffentlichen Verkehrsmitteln, mit einem privaten Fahrer oder mit dem Taxi, mit oder ohne Zwischenstopps in den gefürchteten Touristenfallen. Diese chinesischen Butterfahrten, bei denen Jadefabriken, medizinische Heilorte und andere Einrichtungen zum Erwerb von unnützem Plunder besucht werden, waren zwar interessant, aber gekauft habe ich nie etwas. Auch wenn mir der weltberühmte Chefarzt des Zentrums für traditionelle chinesische Medizin noch so oft erklärte, dass die Inspektion meiner Zunge und das Abhorchen meines Pulsschlages zweifelsfrei ergeben haben, dass nur ein Kräutersud zum Schnäppchenpreis von sechshundert Kuai, zu erwerben am Schalter in der Eingangshalle, meine Beschwerden lindern könne.

«Welche Beschwerden?», fragte ich ihn und setzte mich wieder in den Reisebus.

«Hast du deinen Eltern gesagt, dass dies kein, ich betone noch einmal: kein offizieller Antrittsbesuch ist?», fragte ich Dingding, als meine Verwandtschaft gerade zur Mauer aufgebrochen war.

«Ja, es ist ein lockeres Kennenlernen, ein unförmliches Treffen, nichts weiter.»

«Ich möchte auf keinen Fall, dass deine Familie uns haufenweise Geschenke macht», sagte ich eindringlicher. «Verstehst du? Das wäre jetzt irgendwie nicht passend. Nicht vor der Hochzeitsfeier.»

«Das habe ich ihnen ausgerichtet», sagte meine Frau. «Und sie werden sich auch daran halten.»

Ich aber blieb misstrauisch. In China bekommt man ständig etwas geschenkt. Zum Drachenbootfest, zum Laternenfest, zum Mondfest. Es gibt sogar einen Lehrertag, an dem ich Scherenschnitte oder Zeichnungen von den Studenten bekam.

«Ich habe meinen Eltern gesagt, dass diese Eheregistrierung keine Hochzeit ist und dass die wirkliche Hochzeit noch vor uns liegt», schwor ich sie ein.

Am nächsten Tag fuhren wir mit meiner Mutter und Tante Nana nach Tianjin, zu Dingdings Familie. Ich machte mir weiterhin ernsthafte Gedanken über den Ablauf dieses Treffens. Bofu hatte einen ausgeprägten Hang zur Inszenierung feierlicher Akte, und solche «Familienzusammenführungen» sind in China ohnehin recht kompliziert. Ich hatte einmal in einer TV-Doku eine Szene gesehen, die mich, gelinde gesagt, etwas misstrauisch werden ließ. Es ging um die Eheschließung zwischen zwei jungen Leuten aus benachbarten Dörfern. Am Tag vor der Trauung trafen sich die Familien auf einem Feldweg, um die vereinbarte «Ablösesumme» zu übergeben. Auf einem Handkarren hatte die Verwandtschaft des Mannes Luftbefeuchter, Farbfernseher und andere Haushaltsgegenstände gestapelt. Vielleicht fehlte in diesem Geschenkberg das elektrische Handrührgerät, oder vielleicht hatte der Kühlschrank nicht wie versprochen ein Tiefkühlfach. Das konnte man aus dem Geschrei nicht recht heraushören. Auf jeden Fall aber war eine alte Frau unzufrieden mit den Gaben und lief krakeelend über den Feldweg zurück ins Heimatdorf. Weil man das fehlende Gerät nachreichen konnte, fand die Hochzeit am nächsten Tag trotzdem statt, und die Harmonie der Familie war wieder hergestellt. Ich zog es aber vor, diese erst gar nicht zu gefährden.

Dingding versicherte mir, dass ihr Vater das Problem verstanden habe und dass es keinesfalls darum gehe, bei diesem ersten Besuch die beiden vom jeweils anderen Ende des Planeten stammenden Familien miteinander zu vereinen, sondern man sich ganz zwanglos ein wenig kennenlernen würde. Die Beziehung zwischen den Familien der Ehepartner ist ja in unseren Breitengraden – wenn sie nicht gerade Capulet und Montague heißen – keine so große Sache. Das hatte ich Bofu etliche Male durch die Blume zu verstehen gegeben, sodass ich glaubte, dass er diesen kleinen, aber in unserem Falle nicht ganz unwichtigen kulturellen Unterschied berücksichtigen würde. Selten habe ich mich so geirrt.

Als meine Mutter, Tante Nana, Dingding und ich aus dem Schnellzug stiegen, klingelte augenblicklich mein Handy. Er würde jetzt am unterirdischen Taxistand stehen und sei außerordentlich erfreut, den hohen Besuch zum Mittagessen geleiten zu dürfen, verkündete Bofu mit aufgeregter Stimme. Und bevor wir am Taxistand ankamen, sahen wir ihn auch schon von weitem winken. Er stand mit zwei Sträußen roter Rosen vor seinem weißen Xiali-Kleinwagen. Das war schon deswegen ein denkwürdiger Anblick, weil er, wie es in Tianjin unter Taxifahrern üblich ist, schneeweiße Handschuhe trug. Er überreichte die Blumen, verbeugte sich und hieß die neuen Verwandten wortreich im Namen seiner Familie, der Einwohner Tianjins und überhaupt im Namen aller anständigen Menschen Chinas herzlich willkommen. Dann machte er sich daran, unsere Sachen zu verladen. Ich bestand darauf, den Rucksack eigenhändig in den Kofferraum zu legen, aber mit Gepäck ist es in China wie mit dem Bezahlen in Restaurants. Es ist ein ungeschriebenes Gesetz, dass man zuerst ein wenig darum rangelt und den unbedingten Willen zeigt, alle Koffer selbst einzuladen, um schließlich dem Ranghöheren, in diesem Falle dem Bofu, den Vortritt zu lassen.

Auf der Fahrt zum Restaurant steuerte er seinen Xiali mit seiner unnachahmlichen Fahrweise, die er sich nur bei

Comicfiguren abgeschaut haben konnte. Er saß so kerzengerade, dass die Spitzen seiner Bürstenfrisur an die Wagendecke stießen, und schaltete alle viereinhalb Sekunden in einen anderen Gang. Bremse und Gaspedal betätigte er abwechselnd und unabhängig davon, was im Straßenverkehr passierte. Dazu hupte er mit ausladenden Bewegungen, optisch unterstrichen von seinen weißen Handschuhen.

Im Eingangsbereich des Restaurants stand Dingdings Verwandtschaft im Spalier. Sie halfen meiner überrumpelten Mutter und ihrer sonst nicht auf den Mund gefallenen, jetzt aber ebenfalls sprachlosen Schwester aus dem Wagen und geleiteten sie am Arm in das gemietete Séparée. Keine zwei Minuten später fanden wir uns an einer edel gedeckten Tafel auf den Plätzen wieder, die nach chinesischer Tradition für Ehrengäste reserviert sind, und ehe wir uns versahen, hielt Bofu auch schon seine feierliche Ansprache, um die Zusammenführung der Familien wortreich zu zelebrieren.

Er ließ eine Flasche Rotwein bringen und fing an – was auch sonst –, die Geschenke zu übergeben. Anschließend traten die Oberhäupter der verschiedenen Familienzweige einzeln hervor und überreichten ihre Gaben. Meine Mutter erhielt eine Seidentischdecke, zwei Tonfiguren, ein silbernes Glöckchen und einen Becher aus hauchdünnem Steingut. Tante Nana wurde mit einem Seidenschal behängt und bekam eine Teekanne aus blauem Pozellan. Und beiden schenkte man natürlich jeweils eine Schachtel mit echtem Tianjiner Mahua. Mahua ist ein geflochtenes Sesamgebäck, steinhart und zuckersüß. Es stapelte sich kistenweise im Küchenschrank unserer Wohnung. Denn jeder, absolut jeder Tianjiner ist der festen Überzeugung, dass man die Stadt auf keinen Fall ohne diese regionale Spezialität verlassen kann.

Fernreisende am Tianjiner Bahnhof tragen immer mindestens eine Schachtel der Marke «18. Straße» unter dem Arm.

Das eindrücklichste Geschenk dieses Abends aber war eine Glasskulptur des Oligarchenausstatters Swarovski, ein stilisierter Schwan. Dingdings Cousin, der Sohn von Jiujiu, hatte sich bei der Auswahl viel Mühe gegeben und überreichte ihn uns mit einer höflichen Verbeugung und den besten Wünschen zur Vermählung. Wir freuten uns sehr. Leider wirkt der Swarovski etwas zu kostbar und grazil, um ihn zusammen mit dem Krimskrams aufzustellen, den Dingding und ich unser eigen nennen. Als wir ihn einmal probehalber auf das birkenfurnierte Billy-Regal im Wohnzimmer stellten, wirkte er wie eine verdutzte Primaballerina im weißen Tüllkleid beim Festival in Wacken. Bis heute wartet er in seiner Originalverpackung auf eine würdigere Umgebung.

Insgesamt war es ein recht gezwungener Abend. Die erste Begegnung der beiden Familien hatte zwar nicht auf einem Feldweg stattgefunden, und kein Familienoberhaupt hatte das Beisammensein zeternd beendet. Aber als meine Mutter am nächsten Tag bei einer Fahrt mit einem Ausflugsdampfer zu mir sagte, dass sie es sich immer etwas anders vorgestellt hatte, wenn ich eines Tages heiraten würde, konnte ich das verstehen. Tante Nana aber meinte, sie solle sich nicht so anstellen. Die Seidentischdecke sei doch hübsch, und die richtige Hochzeit komme ja noch. Am nächsten Tag kam aber erst einmal die falsche.

Wir hatten für meine Mutter und meine Tante eine Art Testhochzeit arrangiert. Wir waren von Zhang Ying, einer guten Freundin von Dingding, zu ihrer Hochzeit in Tianjin eingeladen worden und hatten sie gefragt, ob wir nicht vielleicht mit familiärem Anhang kommen könnten, damit man schon einmal einen ersten Eindruck von den hiesigen Trauungszeremonien gewinnen könnte. Chinesische Hochzeiten erinnern meist etwas an die Eröffnungszeremonie einer Sportgroßveranstaltung, wenn da ein paar Langnasen mehr oder weniger teilnehmen, ist das keine große Sache.

Die beiden Schwestern, deren blondes Haupthaar man überall in Tianjin bestaunte, standen vor dem Vier-Sterne-Hotel, das Bofu für uns gebucht hatte. Ich hatte versucht, ihn davon abzubringen, doch er versicherte mir, dass eine günstigere Unterkunft einen sofortigen und unwiederbringlichen Verlust seines eigentlich noch ganz gut erhaltenen Gesichts zur Folge hätte, und außerdem kenne er jemanden an der Rezeption, der ihm einen ganz speziellen Sonderpreis machen würde. Und wieder fiel mir nichts Besseres ein, als zu versichern, dass ich mich revanchieren würde, wenn er, hoffentlich bald, die Gelegenheit hätte, mich und meine Familie im fernen Deutschland zu besuchen.

Im Freizeit-Look gekleidet, verließen wir am Nachmittag unter den Blicken der säuberlich aufgereihten Hotelangestellten die Lobby. In Tianjin tragen Hochzeitsgäste, um der Braut nicht die Show zu stehlen, alltagstaugliche Kleidung – als Mann gern auch Polohemd. Der Festsaal lag nicht weit von unserem Hotel, sodass wir beschlossen, zu Fuß zu gehen. Wir waren guter Laune, als etwas Seltsames passierte: Wir gingen gerade an einer Ampel vorbei, da hielt ein schwarzer Wagen mit getönten Scheiben, und die Beifahrertür öffnete sich. Ein junger Hund sprang auf die Straße und irrte zwischen den anfahrenden Autos umher. Einige Autos hupten länger als gewöhnlich, aber ansonsten schien sich niemand für das Geschehen zu interessieren. Tante Nana und ich sahen uns an. Zwei Sekunden. Kurzerhand sperrte sie mit ausgebreiteten Armen die Straße, und ich verfolgte den Hund in der hupenden Blechlawine. Irgendwann erwischte ich ihn am Halsband und führte ihn zum Wagen seines Besitzers. Ein grobschlächtiger Mann mit einer roten kartoffeligen Nase stieg aus dem Auto. Das Hupen wurde lauter.

«Woher kommst du?», blaffte er mich an.

Er hatte eine Alkoholfahne und lallte.

«Aus Deutschland», sagte ich.

«Deutschland?», grunzte er und blickte mich mit roten Augen an. «Hitler! Gut!»

Er hob zur Unterstützung seiner Worte den Daumen. Dann klopfte er mir auf die Schulter und nahm mir den Hund ab. Er stieß das jaulende Tier unsanft auf den Beifahrersitz, murmelte irgendetwas Unverständliches, knallte die Tür zu und brauste mit aufheulendem Motor an meiner Tante vorbei.

«Was hat er denn zu dir gesagt?», fragte sie mich.

«Ach, nichts», sagte ich. «Das war ein Vollidiot. Mehr nicht.»

Wir erreichten das Hotel gerade noch rechtzeitig, um das Feuerwerk zu erleben, das bei jeder chinesischen Hochzeit dafür da ist, die Trommelfelle der geladenen Gäste zu zerstören. Das Brautpaar fuhr in einem weißen BMW-Cabrio vor, dem ein Autokorso aus roten BMWs folgte. Ich hatte im Laufe der Jahre auf Tianjins Straßen Ferrari-Paraden und einmal sogar einen Lamborghini-Korso gesehen, daher wunderte ich mich nicht über diese Art der Statusdemonstration. Das Brautpaar stieg im Nebel der Chinaböller, die Kanonenschläge wie Knallfrösche klingen lassen, aus dem Wagen und wurde zum Aufzug geführt. Dieser brachte sie in einen riesigen Saal im zehnten Stock des Gebäudes, der mit schweren Kronleuchtern und einem alles verschluckenden Teppich ausgestattet war. An den vierundzwanzig runden Tischen saßen einige Verwandte, die zum Schutz ihres Trommelfells den Saal lieber nicht verlassen hatten und sofort damit begannen, Schalen von als Snack gereichten Sonnenblumenkernen großflächig auf dem Teppichboden zu verteilen. Am Ende des Saals war eine Bühne aufgebaut, auf der ein Springbrunnen plätscherte. Ein weißer Rosenbogen komplettierte die von Zhang Ying gewünschte herzerwärmende Stimmung. Sie hatte das Hochzeitspaket «Romantik» gewählt. Im Hintergrund erklang leise Klaviermusik.

Es wurde ein interessanter Nachmittag mit vielen fremden Speisen, wechselnden Hochzeitskleidern, romantischer Musik und zarten Küssen unter dem Rosenbogen. Die weibliche Verwandtschaft war verzückt, und jedes Mal, wenn Zhang Ying das nächste Modell der Hochzeitskollektion präsentierte, ging ein Raunen durch den Saal. Nur ein paar Minuten erschien das Brautpaar zusammen, dann verschwanden die beiden schon wieder, um sich umzuziehen. Die männliche Verwandtschaft nahm von der Modenschau wenig Notiz. Ein Onkel der Braut hatte das Polohemd nach oben gerollt und klatschte sich auf den nackten Bauch. An einigen Tischen ging die Schnapsflasche bereits zur Neige.

Das Brautpaar schritt von Platz zu Platz, um die noch nicht übergebenen roten Umschläge einzusammeln und sich für die Hochzeitsgeschenke zu bedanken. Der Bräutigam war verpflichtet, an jedem Tisch mit jedem der männlichen Hochzeitsgäste anzustoßen. Chen Lifu, der Ehemann von Zhang Ying, wankte nur ein wenig. Wie er es schaffte, diese gnadenlose «Tour de Baijiu» so unversehrt zu überstehen, war mir ein Rätsel. Er ist eher schmächtig, und Trinkfestigkeit hätte ich ihm nicht zugetraut. Ich machte mir langsam ernsthafte Sorgen, dass ich bei meiner eigenen Hochzeitsfeier in der Ausnüchterungszelle enden würde.

«Dein Bruder wird sich darum kümmern», sagte Dingding zu mir.

«Mein Bruder?», fragte ich. «Was hat denn mein Bruder damit zu tun?»

«Das werde ich ihm schon erklären. Mach dir keine Sorgen!»

Braut und Bräutigam kamen samt Entourage an unseren Tisch. Einige Schnäpse später zogen sie weiter, und mir brannte die Speiseröhre, sodass ich das Thema lieber nicht vertiefte.

Am Abend waren wir bei Dingdings Eltern zu Hause eingeladen. Bofu hatte gekocht. Keine anderen Verwandten waren dabei, nur wir, und endlich kam es zu dem netten «unförmigen» Kennenlernen, wie Dingding sagte – ein geselliger Abend. Bofu zeigte uns seine Fische; ein Aquarium stand in jedem Zimmer. Dann betrachteten wir ein gerahmtes Foto im Wohnzimmer, auf dem er mit stolzgeschwellter Brust neben einer Attrappe des Eiffelturms posierte.

«Sieht doch ziemlich cool aus, oder?», fragte er uns.

«Ja», sagte ich. «Sehr cool.»

Beim Essen sprachen meine Schwiegermutter und Tante Nana über die Wirkungsweise chinesischer Heilkräuter und deutscher Naturkosmetika. Meine Mutter und Bofu tauschten gedolmetschte Kochrezepte aus, und am Ende des Abends verabschiedeten wir uns in bester Stimmung.

«Aber eine Sache wundert mich etwas», sagte meine Tante, schon in der Tür.

«Was denn?», fragte ich sie.

«Die Fische in den Aquarien.»

«Was ist denn mit den Fischen?»

«Da sind gar keine Pflanzen in den Aquarien. Nur Wasser, ist das denn gut für die Fische?»

Ich hatte mich längst an diese Methode der Fischhaltung gewöhnt, sodass sie mir gar nicht mehr auffiel. In China werden viele Goldfische in kahlen Wassergläsern gehalten.

«Was fragt denn Tante Nana?» Bofu sah mich erwartungsvoll an. «Gefallen ihr meine Fische?»

«Ja», sagte ich.

«Was hat sie denn genau gesagt?», wollte er wissen.

«Sie ist der Meinung, dass ein Aquarium auch Pflanzen haben sollte», antwortete ich. «Damit die Fische sich wohler fühlen. Meine Tante ist sehr tierlieb.»

«Ach, meint sie das?», fragte mein Schwiegervater.

Der Stimmung war nicht mehr ganz so herzlich wie zuvor.

Als ich später im Bett lag, dachte ich darüber nach, ob es richtig war, was meine Tante über die Fische gesagt hatte. Vielleicht mag diese Art von Fischen das klare Wasser und braucht gar keine Pflanzen, überlegte ich. Andererseits sind es Fische, und chinesische Fische werden sich doch nicht anders verhalten als deutsche. Ich fragte Dingding.

«Was meinst du? Hat Tante Nana recht?»

«Weißt du was?», sagte Dingding. «Mit diesen Pflanzen ist es genau wie mit euren Menschenrechten.»

«Wie meinst du das?»

«Na, überleg doch mal!»

Ich überlegte eine Weile. Ich kam zu keinem Ergebnis. Und irgendwie war es auch egal: Kaum zwei Wochen später hatte mein Schwiegervater jedes Einzelne seiner Aquarien in einen Unterwassergarten verwandelt, aus dem die munteren Guppys frech hervorlugten.

Die Hochzeitsagentur Gebrüder Grimm

21 «Während der Hochzeitsvorbereitungen lassen sich die meisten Paare scheiden.»

Dingding ging um mich herum und betrachtete meinen weißen Anzug, der am Kragen mit funkelnden Strass-Steinen besetzt war. «Das sind die Fakten. Wir haben noch viel vor uns. Wir wollen uns doch nicht jetzt schon wegen dieser Kleinigkeit in die Haare kriegen, oder? Außerdem siehst du damit gar nicht mal so schlecht aus. Ein bisschen bunt sollte es schon sein. Laolao mag es bunt.»

«Was ist das denn für ein Quatsch?», sagte ich. «Erstens: In diesem Fummel sehe ich lächerlich aus. Zweitens: Wenn man eine Hochzeit vorbereitet, ist man wohl kaum verheiratet. Folglich kann man sich auch nicht scheiden lassen.»

Auch ich nummerierte inzwischen die wichtigsten Aussagen.

«Ach, ist das so?», sagte Dingding.

«Ja, das ist so.» Ich sparte mir aber das Ausrufezeichen in der Stimme. Tatsächlich befanden Dingding und ich uns ja in den Hochzeitsvorbereitungen, obwohl wir offiziell seit über einem Jahr verheiratet waren.

«Ich habe einen ordnungsgemäßen Heiratsantrag gemacht. Ich habe ein überbeglaubigtes Ehefähigkeitszeugnis vom Bezirksamt Pankow. Mir wurden von einem telefonierenden Teenager im rosafarbenen Polohemd die Fingerabdrücke genommen. Ich habe bereits einen Swarovski als Hochzeitsgeschenk bekommen. Ich werde mich nicht scheiden lassen – und schon gar nicht vor der Hochzeit.»

Ich zog die weiße Anzugjacke aus und hängte sie neben die Habsburger Uniform auf die Kleiderstange.

«Nach der Hochzeit können wir ja weitersehen, aber vor der Hochzeit lassen wir uns garantiert nicht scheiden. Und wenn du dich auf den Kopf stellst. Ein Deutscher heiratet zuerst und lässt sich dann scheiden. Und diesen bescheuerten weißen Anzug ziehe ich mit Sicherheit nicht an. Das kannst du vergessen.»

Dingding änderte blitzschnell ihre Taktik. Gegen die Kriegskunst der chinesischen Frauen war Machiavelli ein Waisenknabe. Sie nahm den fraglichen Anzug vom Kleiderständer der Hochzeitsagentur und setzte den unterwürfigen Bettelblick auf, den sie sich beim gestiefelten Kater aus «Shrek» abgeguckt hatte: Von ganz unten und mit weit aufgerissenen Augen sagte sie:

«Ehemann, ich bitte dich.»

In China ist es seit einigen Jahren in Mode, dass sich jüngere, auch unverheiratete Paare mit «Ehemann» und «Ehefrau» ansprechen. Kommt der Mann nach Hause, dann ruft er zur Begrüßung:

«Ehefrau, ich bin wieder da.»

Die Freundin flötet dann:

«Ehemann, ich habe so lange auf dich gewartet!»

Ich weiß nicht, warum die Chinesen sich diese seltsame Marotte angewöhnt haben, aber ich fand es eigentlich immer ganz charmant, wenn Dingding mich so nannte. An diesem Tag fand ich das allerdings ganz und gar nicht. Ich konnte mit dem verkitschten chinesischen Heiratszirkus noch immer nichts anfangen. Wir befanden uns beim Hochzeitsfotografen «Romantic Wedding» im Keller des Einkaufszentrums Xidan. Es war ein Musterbetrieb der chinesischen Heiratsindustrie, die wahrscheinlich einen nicht unerheblichen Anteil des chinesischen Bruttoinlandsprodukts ausmacht. Es war laut und bunt, und ständig kamen Verkäuferinnen und präsentierten Kataloge, in denen befrackte chinesische Jungs in geliehenen Anzügen neben ihren Bald-Ehefrauen posierten.

Nicht nur die Requisiten auf diesen Fotos sind sehr gewöhnungsbedürftig, auch schauspielerisch ist es ganz großes Kino. Die Frauen brillieren in möglichst vielen unterschiedlichen Interpretationen der unfassbar glücklichen Braut. Ihre Gatten dagegen zeigen auf diesen Fotos nur zwei Gesichtsausdrücke. Den ersten nenne ich «den Vogel suchen». Dabei schaut man verträumt und geistesabwesend in den grell beleuchteten Himmel. Für den zweiten blickt man auf den Boden. Es ist ein gewollt nachdenklicher Blick, wobei nicht ganz klar wird, was den zukünftigen Ehemann so grüblerisch aus der geliehenen Wäsche schauen lässt. Aber vermutlich fragen sich diese jungen Männer einfach nur, warum sie ständig nach einem imaginierten Vogel Ausschau halten sollen.

Wenn irgendjemand aus meinem deutschen Bekanntenkreis jemals derartige Fotos von mir sehen würde: Ich wäre erledigt. Sozial isoliert für den Rest meines Lebens. Zu Beginn dieses Besuchs beim Fotografen dachte ich noch: «Ru Xiang Sui Su.» Diese vier chinesischen Zeichen sind zu einem der Leitsprüche in meinem chinesischen Leben geworden: «Kommt man in ein fremdes Land, handelt man nach den dortigen Sitten.»

Als man mir aber ein rotes Gewand brachte, dessen Ärmel so lang und weit waren, dass man es notfalls auch als Zwangsjacke hätte verwenden können, wurde mir das Ganze im wahrsten Sinne des Wortes zu bunt. Dazu sollte ich noch einen türkisfarbenen Hut aufsetzen, der mit Stickereien verziert und ausladend dekoriert war. Auf der Spitze war eine Art gehäkeltes Geweih angebracht, und an den Seiten hing etwas herunter, das an kunterbunte Topflappen oder Fliegenklatschen erinnerte. Ich hatte etwas Ähnliches schon einmal gesehen: auf dem Hochzeitsfoto eines Engländers, der es gewagt hatte, eine kleine, aber sehr resolute Chinesin zu heiraten. Darauf trug er zentimeterdick Lipgloss, diesen Balla-Balla-Helm und lächelte gequält. Damals schwankten meine Gefühle noch zwischen Fremdschämen und Schadenfreude. Heute war mir gar nicht mehr zum Lachen zumute.

«Das ist ein traditionelles Hochzeitgewand. Damit müssen wir Fotos machen. Das gehört einfach dazu. Sieh mal, ich trage das hier.»

Stolz zeigte Dingding mir ihre Kopfbedeckung: ein perlenbesetztes Etwas, hergestellt aus purem chinesischen Hochzeitskitsch.

«Dingding», sagte ich ernst. «Damit mache ich keine Fotos. Damit würde ich nicht einmal beim Karneval unter Leute gehen. Verstehst du das?»

«Ehemann!» Diesmal klang es schon etwas bedrohlicher.

«Ehefrau. Das ziehe ich nicht an!», sagte ich. «Ex-Ehefrau, wenn du so weitermachst.»

«Ach ja, plötzlich geht es», fauchte sie mich an. «Wenn du deinen Willen nicht bekommst, dann klappt es auf einmal mit der Scheidung. Meinetwegen. Aber erst machen wir die Fotos.»

«Das Teil setzt mir keiner auf den Kopf! Eher heirate ich tatsächlich nackt, als mich mit diesem Indianerschmuck fotografieren zu lassen. Irgendwo hat das interkulturelle Miteinander seine Grenzen. Ich mache mich doch nicht für die eigene Hochzeit vor aller Welt zum Horst mit Hut.»

Ich verließ den Laden, setzte mich in ein Taxi und fuhr nach Hause. Wir hatten zwar ein komplettes Fotoset gebucht, aber das war mir vollkommen egal. Ich musste mir die Sache noch einmal überlegen. So ging es jedenfalls nicht.

Als Dingding am Abend nach Hause kam, hatten wir uns beide wieder beruhigt. Sie zeigte mir auf dem iPad Aufnahmen, die der Fotograf im Studio von ihr gemacht hatte. Sie hatte sich nach meinem plötzlichen Abgang entschieden, statt der Hochzeitsfotos ein individuelles Ganzkörper-Set machen zu lassen. Der Fotograf wollte sie sinnlich und verführerisch in Szene setzen. Irgendetwas war schiefgegangen. In Dingdings Blick spiegelte sich Wut, Verzweiflung und zunehmende Ungeduld.

«Der Fotograf war ein Farbwolf. Am liebsten hätte er es wohl gehabt, dass ich mich ganz ausziehe», sagte Dingding. «Bei dem machen wir unsere Hochzeitsfotos nicht. Gut, dass ich das noch gemerkt habe.»

«Farbwolf» ist mit dem deutschen Wort «Lustmolch» ziemlich treffend übersetzt.

«Mir war der Laden von Anfang nicht geheuer», sagte ich. «Vollkommen unseriös. Und wer braucht schon diese gekünstelten Hochzeitsfotos? Auf unserer chinesischen Hochzeit macht Jupiter die Fotos, auf der deutschen fotografiert mein Cousin. Das reicht vollkommen als Erinnerung.»

«Eine Hochzeit ohne Hochzeitsfotos ist keine Hochzeit», sagte Dingding. «Was soll ich denn meiner Laolao zeigen? Sie liebt solche Fotos.»

Eine Woche später fuhren wir zur Hochzeitsagentur Gebrüder Grimm. Die hieß tatsächlich so und hatte sich auf romantische Fotoserien spezialisiert. Auch Xia Linlin, eine Freundin von Dingding, war heiratswillig, und die Gebrüder Grimm waren ihr als erfahrene Romantiker empfohlen worden. Als wir dort ankamen, war ich positiv überrascht. Der Laden der Gebrüder Grimm lag mitten in einem Beijinger Künstlerviertel auf einem ehemaligen Fabrikgelände: Ateliers, Galerien und Cafés drum herum.

Das Märchenland der romantischen Hochzeitsfotografie erstreckte sich auf drei Etagen einer einstigen Lagerhalle; im Erdgeschoss der Kostümfundus: Hochzeitskleider, Qipaos, Abendkleider, kleine Schwarze für die Dame, Anzüge, Fracks, Uniformen für den Herrn. Alles hing verstaubt an langen Garderobenstangen von der Decke. Das Hochzeitsweiß war eher gelb, und oft wurden die Kleider nur von Gummibändern und Sicherheitsnadeln zusammengehalten. Waren die Anzüge und Kleider zu groß, wurden sie mit Nadeln auf dem Rücken festgesteckt. Waren die Sachen zu klein, dann waren sie eben zu klein. Wozu gibt es Photoshop? Zwei, drei Klicks, und aus Hochwasserhosen werden Maßanzüge, aus Mausgrau wird Blütenweiß.

Als wir bei den Gebrüdern Grimm ankamen, war Dingdings Freundin schon da. Xia Linlin, stundenlang von einer Visagistin geschminkt, trug ein wallendes Hochzeitskleid und stand samt Gatten in einer der Kulissen im dritten

Stock. Barocke Säle, ein riesiger Pappmachébaum, ein amerikanisches Café. Der Fotograf, ein junger Mann mit Nasenring, hockte auf dem Fußboden und gab Anweisungen.

«Ein Stück nach links noch. Den Mund ein wenig auf. Und nun die Hand noch etwas höher. Ja, danke. Maske. Maske, verdammt noch mal! Maske! Da ist eine Haarsträhne verrutscht.»

Die Frau mit dem Schminkkoffer eilte herbei. Sie ordnete Linlins Haare, legte noch etwas Puder nach und zog dem Bräutigam die mit einem Gummiband befestige Hose zurecht.

Langsam fing es an, mir Spaß zu machen, dieses chinesische Hochzeitstheater: Showbusiness für jedermann. Wir sahen eine Weile zu, wie Fräulein Xia sich in den Hüften wiegte und ihren Gemahl verzückt anschmachtete. Dann wollten wir selbst mitmischen. Wir setzten uns mit dem freundlichen Geschäftsführer Herrn Deng an einen Tisch im amerikanischen Café-Szenario, und er zeigte uns seine Musterkoffer. In diesem roten Kunstlederkoffer stapelten sich mehrere gebundene und mit einem Glasdeckel versehene Fotoalben unterschiedlichen Formats. Herr Deng empfahl uns ein Gesamtpaket mit einer Serie von Außenaufnahmen, einem klassischen Set als Brautpaar und einem kreativen Teil, den wir selbst bestimmen konnten. Sehr gern genommen würde auch ein Shooting im Gewand der chinesischen Befreiungsarmee.

Ich teilte Herrn Deng mit, dass ich nicht vorhatte, meinen Verwandten Hochzeitsfotos zu zeigen, auf denen ich als kommunistischer Befreiungskämpfer einen imaginären Vogel suchte. Er verstand nicht, was ich ihm damit sagen wollte, aber er war einverstanden.

«Ich garantiere Ihnen: Sie werden von der Hochzeitsagentur Gebrüder Grimm die Fotos bekommen, die Sie glücklich machen», sagte er. «Schöne Fotos, wie im Märchen.»

Dingding und ich buchten das Gesamtpaket der Mittelklasse. Für zweitausend Kuai bekam man einen Tag samt Fotograf, Kameraassistent, Maske, Beleuchter, Bearbeitung und am Schluss die fertigen Alben im roten Kunstlederkoffer. Dazu gab es drei gerahmte Bilder für die eigene Wohnung und die der Eltern. Eines davon war ein Ganzkörperporträt in Lebensgröße. In der Businessklasse hätte es noch zwei weitere Shootingtage gegeben, die man mit dem Fotografen an einem Ort außerhalb von Beijing verbracht hätte – im einfachsten Fall an der Großen Mauer. Viele Kunden der Agentur fuhren auch nach Beidaihe, dem Badeort der Reichen und Mächtigen, um bei Sonnenuntergang barfüßig über den Strand zu laufen und einander tief in die Augen zu blicken.

Unser Shooting sollte in zwei Wochen stattfinden. Wir diskutierten, wie man den kreativen Teil gestalten konnte, ohne dass es zu kitschig, zu romantisch, zu chinesisch wurde. Es ist ja kein Zufall, dass sich das deutsche Wort «Kitsch» nicht angemessen übersetzen lässt. Ich weiß nicht, an welcher Stelle in der Geschichte die Deutschen den Notausgang genommen haben, wenn es darum geht, die romantischen Gefühle in Schweinchenrosa zu malen, aber immerhin haben sie es getan.

Nicht so in China. Dort trägt man die Liebe vor sich her wie eine Trophäe, hält sie hoch, küsst und poliert sie. Für die Deutschen gehören romantische Gefühle ja eher zur Privatsphäre. Zungenküsse im öffentlichen Nahverkehr? Daran stört sich niemand. Rummachen am Strand? Kein Problem. Aber wenn man zeigen und sagen soll, welche Gefühle man füreinander hat, dann wird es komplizierter. Dann werden die Deutschen zu Chinesen, Empfindungen werden codiert und indirekt vermittelt. Direkte Ansagen wirken plump und gewollt.

Wenn ein chinesischer Mann dagegen an einer Frau Interesse hat, dann zeigt er es meist sehr deutlich. Er «verfolgt» die Frau seines Herzens. «Verfolgen» ist das chinesische Verb für das Balzverhalten des Mannes. Er macht ihr Geschenke, lädt sie zum Essen ein und versucht sie davon zu überzeugen, seine Freundin oder Geliebte zu werden. Manchmal kann er erst, wenn er die Grenze zum Stalking fast überschritten hat, darauf hoffen, erhört zu werden.

Nach intensiven Gesprächen beschlossen Dingding und ich, die kreativen Fotos Filmplakaten nachzuempfinden; von Filmen aus beiden Kulturen, zum Abschluss das Poster zu «Good bye Lenin!», nur dass es bei uns «Good bye ledig» heißen sollte. Das war ein guter Kompromiss, wie ich fand. Liebesbezeugung für die Chinesen und ironische Individualität für den deutschen Grobromantiker. Der Tag des Shootings kam, und wir machten zuerst die förmlichen Aufnahmen, die Laolao sich an die Wand hängen konnte. Danach liefen wir mit dem Fotografen durch die Hutongs in der Nähe unserer Wohnung. Wir hatten uns die verwinkelten Gassen, die kleinen Bars und Cafés unseres Stadtteils als Kulisse ausgesucht. Der Kameramann inszenierte unser Glück. Wir sahen uns verliebt an, suchten Vögel am Horizont und betrachteten gedankenverloren den Straßenbelag. Es wurde ein phantastischer Nachmittag, und als wir am Abend mit den Filmplakaten begannen, musste mich der Fotograf sogar ein wenig bremsen. Ich hatte die Rolle des Regisseurs übernommen, durchsuchte den Fundus nach passenden Requisiten und Kostümen und probierte verschiedene Beleuchtungen aus, um dem Original so nah wie möglich zu kommen.

Nachts um zwei, der Fotograf hatte mir für «Brokeback Mountain» seine Jeansjacke geliehen, und ich bog zwei Herrenhüte zu Cowboyhüten um, war ich zufrieden. Der Fotograf sagte, er habe noch nie einen so anspruchsvollen Kunden wie mich gehabt. Normalerweise würden die Ehemänner den Anweisungen des Fotografen folgen, der sich wiederum ganz nach den Wünschen der Ehefrau richte.

«Normalerweise», sagte ich.

Dann fiel mir auf, dass Dingdings Gesichtsausdruck auf dem letzten Bild nicht «schmachtend» wirkte, wie von mir verlangt, sondern eher erschlagen und müde. Ich setzte ihr den Cowboyhut auf, und wir wiederholten die Aufnahme.

Im Gästezimmer meiner Schwiegereltern, in dem Laolao oft übernachtet, hängt heute ein lebensgroßes Ganzkörperporträt von Dingding und ihrem lustigen Ausländer. Der rote Kunstlederkoffer lagert gut verstaut in der Kommode meiner Eltern. Wenn meine Mutter gefragt wird, was denn der Sohn all die Jahre in China getrieben und ob es ihn verändert habe, dann holt sie diesen Koffer hervor. Manchmal erkennen mich die Betrachter gar nicht wieder. Das liegt an der Kostümierung – oder daran, dass die Hochzeitsagentur Gebrüder Grimm auch bei digitalen Schönheitsoperationen nicht zimperlich ist. Weniger Doppelkinn? Kein Problem. Auch Dingdings Antlitz hatte sich auf den Fotos von der Realität entfernt. Als ich nach der Bearbeitung die ersten Bilder sah, die man mir zur Kontrolle auf dem Monitor zeigte, sagte ich:

«Sehr schön. Die Kostüme, das Drumherum, alles wunderbar. Aber wer ist denn die Frau mit dem Sonnenblumenkerngesicht, die dort neben mir steht?»

«Aber das ist doch Ihre Frau», informierte mich die Photoshopbeauftragte der Gebrüder Grimm erstaunt.

«Nein», sagte ich. «Das ist nicht meine Frau.»

«Doch. Wir haben ihr Gesicht nur ein kleines bisschen in die Länge gezogen. Das machen wir immer. Bisher hat sich niemand darüber beklagt.»

«Würden Sie es bitte wieder rückgängig machen», sagte ich. «Ich mag das Gesicht meiner Frau. Und es ist doch nicht der Sinn der Sache, dass man sie auf ihren eigenen Hochzeitsfotos nicht erkennt.»

Dingding war mit ihrem eigenen Antlitz ebenfalls ganz zufrieden, und man einigte sich darauf, nur die notwendigsten Korrekturen an den Partien unseres Gesichts vorzunehmen, die man wirklich niemandem zumuten konnte.

Nachdem die Fotos so schön geworden waren und ich allmählich Gefallen an der Tätigkeit als Modell, Regisseur und Schauspieler gefunden hatte, beschlossen wir – auch Dingding stimmte irgendwann zu –, einen Hochzeitssong einzusingen. Ich hatte eine deutsche Version eines chinesischen Liebesliedes geschrieben. Wir buchten ein kleines Tonstudio, das sich in der hintersten Ecke eines Karaoketempels versteckte, und mein Bruder, der für die bevorstehende Feier bereits angereist war, drehte das Making-of. Als er zwischendurch die Karaokekabinen filmen wollte, wäre er beinahe von Sicherheitskräften abgeführt worden. Ein Karaoketempel ist eine sehr diskrete Angelegenheit, klärte Dingding uns auf. Meistens sind es nur Gruppen von Studenten oder Arbeitskollegen, die sich eine der Kabinen mieten und hinter – zum Glück – verschlossenen Türen ihre Liedchen trällern. Aber manchmal werden sie auch von verheirateten Männern gebucht, die mit ihrer «Zweitbrust» ungestörte Stunden verbringen wollen. Diese sehr zahlungswilligen Kunden mögen es ganz und gar nicht, wenn ausländische Touristen sie dort filmen.

Für den fertigen Song brauchten wir natürlich auch ein Video. Vom Hochzeitsinszenierungsfieber befallen, schrieben Dingding und ich ein Drehbuch und engagierten ein Kamerateam. Es stellte sich bald heraus, dass der Kameramann, der sich ausschließlich auf Hochzeitsdokumentationen spezialisiert hatte, von unseren visuellen und dramaturgischen Visionen etwas überfordert war. Er war der Komplexität des Stoffes einfach nicht gewachsen, und künstlerische Differenzen zwangen uns beinahe, ihn durch einen Profi zu ersetzen. Er überredete mich schließlich, zumindest hin und wieder vom zwanzigseitigen Drehbuch abzuweichen und einen imaginären Vogel am Horizont zu suchen. Ich ließ mich von meiner geliebten Frau anschmachten oder glotzte einfach ein wenig bedröppelt auf den Fußboden. Es wurden zwei unvergessliche Drehtage. Beinahe täglich sehe ich mir das Video an. Vielleicht hätte ich etwas weniger Lipgloss auftragen sollen. Aber das traditionelle Gewand mit den langen Ärmeln steht mir eigentlich gar nicht so schlecht.

Nackte Hochzeit

22 Dingding und ich haben uns dann doch entschieden, es zu tun: nackt heiraten. In China sind nackte Hochzeiten zurzeit schwer angesagt. Massenhochzeit? War gestern. Unter Wasser? Langweilig. Ringetausch im freien Fall? Pah! Wir beide waren nackt. Vollkommen nackt. Dingding war nackt, und ich war ebenfalls splitterfasernackt. Wenn ich meinen chinesischen Freunden erzähle, dass wir nackt geheiratet haben, dann sind sie begeistert.

«Ach, ihr auch? Wir werden auch bald nackt heiraten. Macht doch jeder. Unsere Eltern waren dagegen, aber was sollen wir denn machen? Die Zeiten ändern sich eben.»

Das mit der nackten Hochzeit ist natürlich mal wieder nur eine chinesische Redewendung. Jemand, der in China nackt heiratet, ist jemand, dem die wichtigste Voraussetzung für eine Ehe fehlt. Aber was soll das sein? Was braucht man denn schon für die Ehe? Ist nicht Liebe die einzige und wahre Bedingung für ein Leben zu zweit? Sind es nicht Gefühle wie Zuneigung, Vertrauen und Wärme, die zwei Menschen für immer aneinander binden?

Das alles ist im traditionsbewussten Reich der Mitte für eine Heirat nicht unbedingt notwendig. Es ist zwar ganz nett und schön, wenn man sich zum Zeitpunkt der Eheschließung einigermaßen gut leiden kann, aber die Liebe kann ja noch wachsen. Und irgendwann wird man sich auch an das Gesicht gewöhnen, das einem all die Jahre morgens seinen schlechten Atem entgegenschleudert. Bis heute werden in China viele Ehen von der Verwandtschaft arrangiert. Die Tochter des guten Shifu aus meiner Hutong-Straße war daher auch ganz überrascht, als ich ihr erzählte, dass man im fernen Deutschland selbst entscheiden kann, wen man heiratet. «Das ist aber viel Verantwortung», sagte sie erstaunt.

In China ist Liebe ein «Kann», kein «Muss». Was aber zu einer Ehe definitiv dazugehört, ist Folgendes: ein Auto und eine Wohnung. Oder wie Dingding mir den Sachverhalt erläuterte: «In China ist das normalerweise so: keine Wohnung, kein Auto, keine Frau.»

Leider verfügte ich zum Zeitpunkt unserer Hochzeit weder über ein straßenverkehrstaugliches Kraftfahrzeug noch über Wohneigentum. Die verbeulte Vespa im Keller meiner Eltern zähle ich nicht mit. Auch meine gemietete und zeitweilig untervermietete Kohleofenwohnung im Prenzlauer Berg war keine angemessene Residenz für ein frischvermähltes Paar. Dingding und ich mussten nackt heiraten. Uns blieb keine andere Wahl.

Ihre Eltern waren damit einverstanden. Nicht, dass sie anfangs besonders begeistert gewesen wären. Aber ihre Tochter war kurz davor, eine «Restfrau» zu werden, und in Sachen Ehe war ein wenig Eile geboten.

Man liest ja immer wieder, dass es in China einen Männerüberschuss gibt und viele keine Frau abbekommen. Das mag statistisch stimmen, trotzdem wird in China eher das Gegenteil diskutiert. Unverheiratete Fünfundzwanzigjährige gelten bereits als schwer vermittelbar. Ihr Haltbarkeitsdatum läuft ab, und sie sind nur noch zweite Wahl. Man weiß ja, dass bei Frauen in Sachen Familiengründung eines Tages die biologische Uhr zu ticken beginnt. Was da bei chinesischen Frauen tickt, ist aber eher eine familiäre Zeitbombe. Kaum etwas wird in China so gefürchtet wie das Scheitern an der verwandtschaftlichen Gesamtaufgabe, für die Tochter einen Ehemann zu beschaffen. Ja, zu beschaffen. Denn oft sind es die Eltern, die Blind Dates mit den Kindern ihrer Arbeitskollegen arrangieren und darauf hoffen, dass Amors Pfeil trifft. Nicht immer ist diese Taktik von Erfolg gekrönt.

«Mit den Jungs, die einem die Eltern vorstellen, ist es wie mit dem Marxismus in China», erklärte mir Dinding einmal die Situation. «Wenn du von anderen dazu gezwungen wirst, dann kann er noch so toll sein, er wird nie dein Herz erobern.» Auch Dingding hatte sich die gut erzogenen Söhne der Kollegen meines Schwiegervaters ansehen müssen, bevor sie dankend ablehnte.

Der chinesische Heiratsmarkt ist ein raues Pflaster, man sollte sich nicht zu sehr an den Pastellbildern romantischer Liebe orientieren. Die Gedankenwelt der chinesischen Eltern kann man sich so vorstellen wie die eines gewissenhaften Gärtners. Jahrelang hat man die Tochter nun umsorgt und genährt, ihr die beste Erziehung angedeihen lassen, und irgendwann kommt die Zeit der Ernte. Die Tochter ist reif – reif für die Ehe. Wie ein Apfel, der rosig am Baum hängt. Er soll den chinesischen Mann dazu bringen, nachts darüber nachzugrübeln, wie er den Kredit fürs Auto und für die Penthouse-Wohnung zurückzahlen soll, nur um am Tage in sklavenähnlichen Arbeitsverhältnissen weiterzuschuften. Diese Art von Männern wird in China «Fangnu» genannt – «Wohnungssklaven». Sie haben ihre Eigenständigkeit aufgegeben und müssen ihre Existenz fast vollständig nach dem Rhythmus der monatlichen Ratenzahlungen ausrichten.

Die chinesischen Mütter zeigen ihren Töchtern sehr deutlich, wann die Zeit gekommen ist, eines solchen Mannes habhaft zu werden. Viele denken bei dem Stichwort Ehe immer noch an eine alte Redewendung: «Jiahan, Jiahan, chuanyi chifan», was so viel bedeutet wie: «Such dir einen anständigen Ehemann, dann hast du immer etwas anzuziehen und zu essen.» Eine moderne Stadtchinesin kann darüber nur lachen, aber manche von Dingdings Freundinnen mussten sich bereits die Leviten lesen lassen.

«Tochter», sagte eine Mutter, «du wirst noch in diesem Jahr heiraten. Da gibt es keine Widerrede.»

«Aber Mama, ich habe doch gar keinen Freund, wie soll ich denn da heiraten?»

Doch die Mutter blieb hart: «Wenn du keinen Mann findest, dann werde ich dir eben einen aussuchen.»

Eine andere Freundin von Dingding war zum Studieren in Deutschland und lernte dort einen Chinesen kennen, der trotz ihres Greisenalters von fast siebenundzwanzig Jahren noch gewillt war, sie zur Frau zu nehmen. Sie rief also zu Hause an und bat ihre Familie um Zustimmung. Als die sorgenvolle Mutter erfuhr, dass ihre Schrumpeltochter es vielleicht doch noch in den Hafen der Ehe schaffen würde, zögerte sie keinen Moment. Sie hielt es nicht einmal für notwendig, den künftigen Schwiegersohn kennenzulernen. Die Tochter solle den Kerl, wer auch immer es sei, so schnell wie möglich zum nächsten Standesamt schleppen und die Sache hinter sich bringen.

Üblicherweise werden Heiratsanwärter in China einer eingehenden Prüfung unterzogen. Dagegen war mein gemütliches Schnapsründchen schon fast ein Kinderspiel. Finanzielle, familiäre und gesellschaftliche Hintergründe werden mit Mitteln durchleuchtet, die die NSA wie eine private Hobbydetektei aussehen lassen. Wenn Dingding und ich wirklich heimlich geheiratet hätten, wäre sie wohl von ihrer Familie verstoßen worden. Wenn wir allerdings noch ein paar Jahre gewartet hätten, dann wäre sie vielleicht sogar auf der Resterampe gelandet, und es hätte geheißen: Hauptsache, die Tochter kommt noch unter die Haube.

Einige junge Frauen in China sind es leid, sich ständig Vorhaltungen von der Familie machen zu lassen. Bei der alljährlichen Zusammenkunft der Sippschaft während des Frühlingsfestes wird das Thema immer wieder neu aufgerollt. Wenn eine junge Frau allein zur Feier kommt, wird gefragt, woran es denn gelegen habe. Probleme mit ihrem Körpergewicht werden diskutiert, an den Fähigkeiten im Haushalt wird gezweifelt und die viel zu maskuline Ausstrahlung bemängelt. Findige Unternehmer bieten daher neuerdings Mietjunggesellen an, die während der Festtage die Prinzenrolle spielen. Das beruhigt dann die Mütter und Tanten für eine Weile.

Ich habe einmal in einer chinesischen Zeitung einen Witz gelesen, der die Sache auf den Punkt bringt: Eine Mutter fragt ihre Tochter, warum sie denn um Himmels willen immer noch keinen Mann gefunden habe. Die Tochter antwortet darauf, dass sie schon viele verschiedene Freunde hatte, aber keiner sie richtig glücklich machen konnte.

Die Mutter: «Sei doch nicht so wählerisch. Sieh dir deinen Vater an! Man muss zufrieden sein mit dem, was man kriegt.»

Die Tochter: «Mutter, hab keine Sorge. Es ist wie beim Fischen. Der See ist groß und reich an Fischen. Eines Tages wird sicher der Richtige anbeißen.»

Darauf die Mutter: «Meine liebe Tochter, das mag zwar alles richtig sein, aber bedenke wohl, dass auch der beste Köder seinen Duft verliert und anfängt zu stinken.»

In China unterscheidet man die Generationen nach Jahrzehnten: die Siebziger, die Achtziger, die Neunziger und das Beste von heute. Vor einer Weile ging ein Aufschrei des Erschreckens durch die mediale Öffentlichkeit, weil man realisiert hatte, dass die «Jiulinghou-Mädchen», also die Neunziger, schon bald in ein Alter kommen, in dem auch sie zu Restfrauen werden, wenn sie noch keinen Ehepartner gefunden haben. Die unverheirateten Achtziger riefen: «Hilfe, wenn diese Kids jetzt bald als unvermittelbar gelten, was soll dann aus uns werden?» Die ledigen Siebziger-Frauen jammerten: «Das sollen Restfrauen sein? Was sind dann wir? Müllfrauen?» Die Sechziger sagten lieber gar nichts mehr.

Besonders schwer haben es in China die gebildeten Frauen. Und das, obwohl Wissen als Generalschlüssel für den persönlichen Erfolg betrachtet wird. Für Frauen gilt das nur eingeschränkt. Ein altes Sprichwort lautet: «Eine Frau ohne Wissen ist tugendhaft.» Zu viel Bildung kann schnell zum Nachteil werden. Zwar steht hinter jedem starken Chinesen gemeinhin eine starke Chinesin. Umgekehrt lässt sich das aber nur sehr selten behaupten. Starke Chinesinnen stehen oft allein da, weil die Männer noch einer sehr traditionellen Sichtweise auf die Familie anhängen. Ich hatte einmal eine Diskussion mit einer chinesischen Professorin. Sie war der Meinung, dass Frauen unbedingt früh heiraten und erst danach eine wissenschaftliche Karriere beginnen sollten. So könnten sie ihren Gatten aus einem größeren Bewerberkreis auswählen.

«Aber wenn ein Mann eine Frau nur deswegen nicht heiratet, weil sie ihm zu gebildet ist, dann ist es doch mit Sicherheit nicht der richtige Mann für diese Frau. Dann liebt er sie ja gar nicht wirklich, und dann sollte sie ihn doch auch nicht heiraten», warf ich ein.

Doch die Professorin verstand auch im Laufe eines längeren Gesprächs nicht, was ich damit sagen wollte. Irgendwann gab ich es auf, sie von meinem anscheinend vollkommen weldfremden Verständnis von Liebe überzeugen zu wollen.

Bei der chinesischen Partnersuche kommt noch etwas anderes hinzu. Man achtet sehr stark darauf, dass die Liebenden aus der gleichen sozialen Schicht stammen. Das Prinzip nennt sich «Xianghu». Je höher die soziale Rangordnung der Frau, desto schwieriger wird es für sie, jemanden zu finden, der ihr ebenbürtig ist. Diese Schwierigkeiten der gebildeten Frauen haben dazu geführt, dass sie manchmal auch als das «dritte Geschlecht» bezeichnet werden. Demnach gibt es in China drei Arten von Menschen: Männer, Frauen und promovierte Frauen.

In Deutschland ist die Situation insgesamt vollkommen anders: Geheiratet wird erst, wenn die Fische nicht mehr so richtig beißen und das Angeln keinen Spaß mehr macht. Was soll man denn auch am See, wenn die Leine nur noch regungslos im Wasser dengelt? Da ist es doch besser, man geht nach Hause und nimmt mit, was auch immer da am Haken zappelt.

Ich jedenfalls kann mir zugutehalten, Dingding vor dem schrecklichen Schicksal bewahrt zu haben, eine Restfrau zu werden. Denn wenn man erst einmal eine Restfrau ist, dann sind die Eheaussichten sehr düster. Es bleiben eigentlich nur noch zwei Kategorien von Männern übrig, die sich für die chinesischen Restfrauen interessieren: Restmänner und Ausländer.

Das Seegurken-Menü

23 «Du hast recht. Ihr braucht keine Wagenkolonne. Nicht mal eine kleine.»

Bofu sah mich ein wenig enttäuscht an, als wir auf das Thema zu sprechen kamen. Ich hatte aufgrund des ohnehin strapazierten Budgets für unsere doppelte Hochzeitsfeier den Verzicht auf motorisiertes Geleit vorgeschlagen.

«Was soll das denn auch? Immer diese BMW?» Bofu sprach von «Schatzpferden», dem chinesischen Wort für BMW. «Und erst recht muss es nicht Jaguar oder Ferrari sein.»

Wir saßen bei Starbucks, und er nippte an seinem Latte macchiato grande. Bomu testete den Chocolate Cake, den ich ihr empfohlen hatte. Einige Jahre zuvor war ein Besuch bei Starbucks für Stadtchinesen noch ein Event, inzwischen war er schon wieder out. Meine Schwiegereltern aber waren das erste Mal in einem westlichen Café. Wir hatten uns dort verabredet, um die Hochzeitsfeier zu besprechen.

«Aber so ganz ohne Kolonne?», fragte meine Schwiegermutter. «Und das als Deutscher?»

«Damit steht man doch nur im Stau», sagte Dingding.

«Gar nicht gut für die Umwelt», ergänzte ich.

«Und guck mal: Den BMW hätte ich sowieso nur kurz, und mit dem dicken weißen Mann hier muss ich den Rest meines Lebens verbringen. Andersherum würde ich ja vielleicht noch einmal darüber nachdenken», warf Dingding ein.

Jetzt dachte Bofu nach.

«Dann soll es so sein.» Er machte eine Bewegung, als würde er etwas zur Seite schieben. «Pass!»

Es sagte es auf Englisch. Sein fremdsprachliches Vokabular beschränkt sich auf wenige Worte, die er aber gern und häufig benutzt. «Pass!» heißt in seiner Welt «Dann eben nicht».

Das Problem an der Geschichte war Folgendes. Weil Bofu ein geselliger Mensch ist, hat er eine ganze Menge guter Freunde. Diese Freunde haben allesamt genau ein Kind. Und jedes Mal, wenn jemand aus Bofus Freundeskreis den passenden Ehepartner für sein Kind gefunden hat, wird Hochzeit gefeiert. Und zu all diesen Hochzeiten wird Bofu dann von seinen Freunden eingeladen. Im Laufe der Jahre sind einige zusammengekommen, und jedes Mal wurde meinem Schwiegervater etwas geboten. Wir sprachen also an diesem Tag nicht nur über unsere eigene Hochzeitsfeier, sondern auch über die Party, mit der sich Bofu revanchieren wollte. Die Schnapsflaschen hatte er bereits ein Jahr zuvor gekauft. Ein bekannter Großhändler hatte ihm einen guten Preis gemacht. Guanxis. Was auch sonst?

«Und was ist mit den Seegurken?», fragte er mich.

Oh ja, die Seegurken. Die hatte ich fast vergessen. Leider nur fast. Kann man posttraumatischen Stress vergessen? Oder kann man ihn nur verarbeiten, darüber schreiben, sich lustig machen, und dann, eines Tages, denkt man nicht mehr so oft daran. Aber vergessen? Eher nicht.

Die Seegurke war Teil des Hochzeitsmenüs, das wir in der «Villa Europa» probiert hatten. Die «Villa Europa» ist stilistisch vage an Tianjiner Kolonialbauten angelehnt, und wir hatten beschlossen, unsere Hochzeit dort zu feiern. Das war das Ergebnis zahlreicher Erkundungsfahrten, bei denen ich mit Dingding und ihren Eltern die unterschiedlichsten Lokalitäten begutachtete. Jeder von uns hatte eigene Vorstellungen. Ich wünschte mir vor allem, dass sich der Saal im Erdgeschoss befinden würde. Irgendwie bin ich nicht der Typ für Familienfeierlichkeiten im zwölften Stock eines Hochhauses. Auch einen Garten oder eine Terrasse hätte ich ganz nett gefunden, obwohl Freilufthochzeiten wegen der abgashaltigen Außenluft eher nicht die Regel sind.

Die «Villa Europa» hatte einen Saal im Erdgeschoss und einen etwas lieblos angelegten Gartenteich samt Holzveranda. Der Nachteil der Anlage war allerdings, dass man sie unweit der Stadtautobahn errichtet hatte und daher am Panoramafenster des Saales die große Blechlawine vorbeirollte. Als ich das bemängelte, versprach man mir, dort einen Paravent als Sichtschutz aufzustellen. Und das ferne Hupkonzert werde zur lustig-lauten Atmosphäre der Feier nur positiv beitragen. Dingding war von der «Villa Europa» begeistert. Auch den Ablauf der Festlichkeiten hatten wir schon besprochen. Zur Auswahl standen die Pakete «Romantisch», «Europäisch» oder «Heiß und laut». Die Hochzeit von Zhang Ying hatte uns klargemacht, dass wir beide vom Typ her nicht unbedingt geeignet sind, uns zu den Songs von Céline Dion unterm Rosenbogen zu küssen, romantisch fiel also weg. Die europäische Hochzeit schloss ich aus, weil sie wahrscheinlich ebenso europäisch war wie das Essen im

«Goldenen Hans» deutsch. Ich wollte nicht von einem als Pastor verkleideten französischen Model-Schauspieler getraut werden, auch wenn er noch so sehr aussah wie Miro Klose. Es blieb also noch genau eine Variante: «Renao» – «Heiß und laut». Man sagte uns, dies sei eine sehr traditionelle Form der Eheschließung und typisch für Tianjin. Die Einzelheiten der Trauungszeremonie, die zahllose symbolische Elemente enthalte, werde der Moderator aber selbst noch ausführlich mit uns besprechen.

Nachdem wir uns auf die «Villa Europa» und einen Zeremonienmeister geeinigt hatten, mussten wir nur noch testen, was Bofu von den Kochkünsten des Küchenmeisters hielt. Also lud er die Verwandtschaft zum Abendessen ein, und das Hochzeitsmenü wurde vorgekostet. Es wurde ein Desaster.

Es gibt Unendliches über die Vielfalt der chinesischen Küche zu berichten. «Das Essen ist für die einfachen Menschen der Himmel», lautet ein altes Sprichwort. Dreimal am Tag wird warm gegessen, und so gut wie nie gibt es nur ein Gericht. Eine auf das Wesentliche reduzierte deutsche Brotzeit ist für Chinesen keine Mahlzeit, sondern eher eine Beleidigung der menschlichen Spezies. Einmal war ich mit Dingding und ihrer Freundin Zhang Ying zusammen einkaufen und wurde Zeuge der folgenden Unterhaltung:

«Was isst denn dein Mann so?», fragte Zhang Ying neugierig. «Ich habe gehört, dass die Ausländer nur einmal am Tag warm essen?»

Mitleidsvoll rümpfte sie ihr Stupsnäschen.

«Ja, nur einmal. Morgens und abends hartes Graubrot und dazu ein bisschen Wurst und Käse.»

«Das ist aber kümmerlich.»

«Ach ja. Man gewöhnt sich an alles. So sind sie eben.»

In der chinesischen Vorstellung der kulinarischen Welt-karte stehen die Deutschen auf der niedrigsten Stufe der Entwicklung, irgendwo zwischen Homo erectus und den Engländern. In einem Chinesischlehrbuch habe ich eine sehr anschauliche metaphysische Erweiterung dieser These gefunden. Deutsche Köche sind nach ihrem Tod vergleichs-weise gefragt und haben hervorragende Berufsaussichten im Cateringbereich – in der Hölle, versteht sich. Verstor-bene französische Köche dagegen kochen im Himmel.

Aber auch das französische Catering im Himmel klingt für Chinesen nur bedingt verlockend. Wenn sie entscheiden dürften, würden sie nach dem Tod wohl lieber zu Hause am Feuertopf sitzen bleiben. Meine Vorliebe für kaltes Brot mit rohem Fleisch und verschimmelten Milchprodukten passte jedenfalls sehr gut in die Vorstellungswelt von Dingdings Freundin.

«Aber wie sieht es denn mit dem richtigen Essen aus?», wollte Zhang Ying wissen. Damit meinte sie selbstverständ-lich das chinesische.

«Mittags essen sie doch auch warm, oder? Was essen sie dann? Ausländer mögen doch so vieles gar nicht.»

Ich stand übrigens die ganze Zeit daneben. Dingding probierte ein Paar Schuhe an, und ich hielt ihre alten Turn-schuhe in der Hand.

«Mag er Jiaozi?»

Zhang Ying erfuhr, dass ich Jiaozi, mit Essig servierte Teigtaschen, sehr gern esse.

«Und Feuertopf, wie sieht es damit aus?»

«Ja, Feuertopf mag er. Mit scharfen Sachen hat er keine Probleme.»

«Innereien?»

«Ja. Darm nicht so gern. Aber manchmal isst er auch das.»

«Wirklich? Faszinierend! Und was ist mit Qualle? Qualle isst er doch ganz bestimmt nicht!»

«Oh doch. Manchmal bestellt er sogar Quallensalat im Restaurant. Ganz von alleine.»

«Ach, das ist ja niedlich.»

Am Ende der Unterhaltung und einer nicht enden wollenden Aufzählung von chinesischen Spezialitäten sagte Dingding, dass ich eigentlich so gut wie alles essen würde, außer Koriander. Dafür kann ich nichts. Ich habe das gegoogelt. Ich gehöre zu einer genetischen Minderheit, bei der die Geschmacksrezeptoren für Koriander direkt mit denen für Kernseife verdrahtet sind.

«Bist du sicher, dass er ein Deutscher ist?», fragte Zhang Ying.

Wörtlich übersetzt heißt diese Frage in etwa: «Ist er wirklich Deutschmensch?»

Die Frau, mit der ich seit einigen Jahren zusammenlebte, dachte kurz nach, lächelte verschmitzt und sagte:

«Nein, ich glaube, er ist kein Deutschmensch. Ich glaube, er ist ein Deutschschwein.»

Wie auch immer, die Seegurken der «Villa Europa» waren eine Offenbarung. Ich hatte ohnehin den Eindruck, dass die Chinesen ihre schmutzigen Phantasien vor allem in der Küche ausleben. China ist eine Art Dschungelcamp für Fortgeschrittene. Im Laufe der Jahre aß ich: winzige, sich windende Baby-Aale. Kröteneintopf. Gedämpfte Schlange. Frittierte Biene. Scharf gebratenen Hasendarm. Hund. Hühnerfüße. Fischköpfe. In Alkohol ertränkte Garnelen. Schweineohrensalat. Und viele andere schöne Dinge. Vor einem Tianjiner Restaurant sah ich einmal in einem Käfig ein lebendes Krokodil mit zugebundener Schnauze. An die Kröten hatte ich mich schon gewöhnt. Die saßen in knarzenden Körben und warteten auf Gäste, die sie schlucken würden. Ich fragte mich nur, wie man sie wohl erlegte. Mit der Bratpfanne? Und welches Spektakel konnte man beobachten, wenn eine Familie zum frischen Krokodilragout einladen würde?

Einige Sachen schmeckten einfach nur widerlich. Mit dem Stinke-Tofu hatte ich mich immer noch nicht angefreundet. Ein anderes unerfreuliches Erlebnis hatte ich mit Durian-Bonbons. Ich saß mit meiner Mutter im Vorzimmer des Büros eines englischen Freundes, der uns Olympia-Tickets versprochen hatte. Auf dem Tisch vor uns stand eine Schale mit Bonbons, und weil wir eine ganze Weile warteten, nahmen wir jeder einen. Wir dachten, es wären stinknormale Fruchtbonbons. Normal waren sie nicht, stinkend schon. Die Durian ist zwar eine Frucht, aber eine wahre Stinkbombe. Fluggesellschaften verbieten ihren Transport im Gepäck. Eine Durian kann ausreichen, einen ganzen Wochenmarkt in unverwechselbaren Gestank zu tauchen. Stinkefruchtbonbons schmecken, als würde man neben einer Jauchegrube tief einatmen.

Auch die Bekömmlichkeit der chinesischen Küche empfand ich immer als Bereicherung für mein Leben. Ich hätte sonst nie erfahren, dass durch die Brühe von schwarzen Hühnern die Muttermilch gesünder wird. Allen essbaren Dingen werden medizinische Wirkungen zugeschrieben. Von Erdnüssen soll sich die Oberweite der Frau vergrößern, Yams ist gut für die Manneskraft, und Birnen sind gut für Lunge und Bronchien. Bofu kochte Birnensud, wenn ich an der Tianjiner Staublunge litt. Entscheidend für die Wirkung eines Nahrungsmittels ist vor allem sein Verhältnis zum «inneren Feuer». Am Anfang wusste ich damit nichts anzufangen. Entschuldigungsschreiben wie das folgende ließen mich ratlos zurück:

«Lieber Lehrer, leider konnte ich nicht an Ihrem Seminar teilnehmen, weil ich inneres Feuer hatte. Entschuldigung, Can Jing»

Heute weiß ich, dass «inneres Feuer» sich durch Entzündungen im Mund, durch Hals- und Kopfschmerzen und allgemeines Unwohlsein äußert und dass man zur Linderung der Beschwerden hitzeentziehende Dinge wie grünes oder bitteres Gemüse, Tofu oder bestimmte Pilzsorten essen sollte. Auf keinen Fall darf man Scharfes oder hitzige Lebensmittel wie Kaffee, Fleisch oder Milchprodukte zu sich nehmen.

Ob Seegurken Hitze entziehen oder entfachen, ich weiß es nicht. Aber es ist mir auch egal. Sie wurden beim Testmenü als Letztes gebracht. Ich hatte schon von ihnen gehört. Sie sind die Krönung eines Festmahls, die Königinnen auf den Speisekarten. Sie erst verleihen einer Eheschließung den nötigen Glanz.

Vor der Gurke kamen die gebratenen Tauben. Ich empfahl, an den Tischen der deutschen Gäste auf die üblicherweise mitgelieferten Taubenköpfe zu verzichten. Einmal war ich Zeuge davon geworden, wie die Tocher einer Shanghaier Professorin, ein süßes kleines Mädchen, beim Essen zwei Taubenköpfe auf ihre kleinen Fingerchen steckte und damit Puppentheater spielte. Derartige Anblicke wollte ich Freunden und Verwandten ersparen.

Als die entkörperten Taubenköpfe abgeräumt waren, brachte man endlich die Seegurken. Sie wurden nicht auf dem Drehteller in der Mitte des Tisches platziert. Oh, nein! Jeder bekam seine eigene. Es hieß: Mann gegen Gurke. Vor mir auf dem Teller lag sie, die schwarz-graue Kreuzung aus Nacktschnecke und Massageroller, und ich dachte mir: Na, Freundchen. Wenn du so eklig schmeckst, wie du aussiehst, dann wird es nicht einfach mit uns beiden.

Gufu klatschte in die Hände.

«Seegurken. Ach! Dass ich das noch erleben darf.»

Er seufzte vor Rührung.

Jiujiu stimmte ein.

Laolao wusste nicht so recht, worum es eigentlich ging.

Dingding sah gelangweilt aus dem Fenster, und Bofu sagte:

«Lasst Han Siwen zuerst probieren.»

«Ja, lasst ihm den Vortritt», erklang es im Chor.

«Nun gut», sagte ich und zerteilte mit den Stäbchen das gallertartige Wesen vor mir in mundgerechte Stücke. Stücke ist vielleicht nicht das richtige Wort. Es waren kleine Häufchen, die ich, so gut es ging, aufspießte. Die Seegurke zerfiel, und ihr Innenleben triefte hervor.

Dingdings Famile sah mich erwartungsvoll an.

Ich führte die Stäbchen zum Mund und …

Und an dieser Stelle muss ich leider abbrechen.

Mein Therapeut hat mir geraten, mich nicht zu überfordern. In der wöchentlichen Gurkengruppe deutscher Ehemänner von chinesischen Frauen arbeiten wir hart. Man sollte nicht zu viel von uns erwarten.

二十四

Schatzpferde

24 Die Fahrer der acht nagelneuen Schatzpferde standen rauchend vor der Wohnung von Dingdings Eltern, als wir am Tag der Hochzeitsfeier das Haus verließen.

«Eine Überraschung», rief Bofu.

Dann saßen wir auch schon in einem Cabrio, das, gefolgt vom Kamerawagen, die Karawane anführte. Kurz zuvor hatte ich noch auf einer Art Schemel im Wohnzimmer der Familie Wu gesessen, und Bofu hatte mich angebrüllt. Ich dachte zuerst, dass ich etwas falsch gemacht habe, aber ich sollte ihm lediglich nachbrüllen.

«Ich werde meine Frau ehren und mich um ihr Wohl sorgen!», rief er so laut, dass die Wände wackelten.

«Und jetzt du!», sagte Dingding.

«Ich werde meine Frau ehren und mich um ihr Wohl sorgen», rief ich deutlich leiser als mein Einheizer.

«Ich werde meine Schwiegereltern ehren und mich um ihr Wohl sorgen!», erschallte es.

Auch das wiederholte ich.

«Ich werde mich um die Nachkommen kümmern und ein guter Vater sein.» Die Stimme meines Schwiegervaters überschlug sich ein wenig.

«Ich werde mich um meine Nachkommen kümmern und ein guter Vater sein», echote ich. «So es denn welche geben sollte», fügte ich leise hinzu.

Chinesen sind in dieser Hinsicht sehr direkt. Bei der Hochzeit wünscht man den Frischvermählten: «Zao sheng guizi!» – «Auf das euch bald ein Sohn geboren wird». In den Großstädten werden heute zwar auch Töchter freudig begrüßt, nicht zuletzt weil man für sie später eine Ablösesumme bekommt. Aber ob man überhaupt Kinder möchte, danach wird in China nicht gefragt. Verheiratete Menschen, die keine Kinder wollen, gelten als eigenartig. Wozu heiratet man denn sonst? Gerade in Zeiten, in denen durch die Ein-Kind-Politik das Kinderkriegen zum Privileg geworden ist, ist das Wunschkind fest eingeplant. Als wir in unsere Hutong-Wohnung zogen, stellte die Hausverwalterin sich bei der Schlüsselübergabe in das kleine Schlafzimmer und sagte:

«So, und hier kommt dann das Kind rein. Schenke ihm bald einen Stammhalter, Fräulein Wu! Wie alt bist du denn? Fünfundzwanzig? Da wird es aber langsam auch Zeit! Mischblut-Babys sind doch so süß.»

Ja, sie sagte «Mischblut».

Auch eine Kollegin an der Universität war der Meinung, dass gerade Ausländer bei der Familienplanung privilegiert seien.

«Für dich ist das doch einfach», sagte sie zu mir. «Ihr Ausländer werdet in China besser behandelt als wir Chinesen. Steuern müsst ihr erst ab viereinhalbtausend Yuan zahlen, und Kinder machen dürft ihr so viele, wie ihr wollt.»

Das stimmte beides. Steuerlich und in Sachen Familien-planung ist man in China gegenüber Ausländern tolerant. Wir sind als ethnische Minderheiten von der Ein-Kind-Po-litik ausgenommen. Dennoch konnten wir uns noch etwas Zeit lassen, denn Dingdings Eltern machten keinen Druck. Noch hatten sie beide eine Arbeit. Wären sie damals schon in Rente gewesen – in China treten viele Angestellte schon mit Ende fünfzig in den Ruhestand –, wäre es sicher anders gewesen. Denn Rentner kümmern sich hauptberuflich um ihre Enkelkinder. Den Rest ihrer Zeit baumeln sie auf Se-niorenspielplätzen an Fitnessstangen oder schubbern sich an einer Art Kratzbaum für Greise. Davon waren meine Schwiegerelten noch einige Jahre entfernt.

Dingding und ich wurden also im Cabrio durch die Tian-jiner Straßen chauffiert. Ich nutzte die Zeit, den Vormit-tag Revue passieren zu lassen. Mal wieder hatte Bofu uns, meine Eltern, meinen Bruder und mich, im Vier-Sterne-Hotel einquartiert. Nach dem Frühstück kam das Kamera-team, das mich dabei filmen sollte, wie ich mich unter der Mithilfe der ganzen Familie für den großen Tag herrich-tete. Stundenlang half man mir in die Jacke und befreite mit großer Geste Fusseln von meinem Anzug. Zur Dekora-tion brachte der Beleuchter einen Koffer voller roter Sche-renschnitte des klassischen Doppel-Glück-Schriftzeichens mit.

Die Ehezeremonie symbolisiert in China die Übergabe der Frau von der eigenen Familie in die Familie des Man-nes. Die Wohnungen der Familien werden geschmückt und festlich hergerichtet. Weil meine Familie keine Wohnung in Tianjin besaß, diente unser Hotel als standesgemäßer Ersatz. Mein Bruder half, die Honeymoon-Suite zu dekorieren und Spiegel, Schränke und Fenster mit den Scherenschnitten zu schmücken. Dann endeckte er im Koffer einen Packen roter Umschläge und einen ebenfalls roten Stoffgürtel. Niemand wusste, was wir damit anstellen sollten. Eine Putzfrau klärte uns auf: Ich solle sie einfach mit Geldscheinen befüllen und in die Innentasche des Jacketts stecken. Zur Sicherheit. Wegen der Prüfungen.

«Welche Prüfungen?», fragte ich.

«Hat man dir das nicht gesagt?»

Nein, hatte man nicht. Die Dame erklärte mir, dass man in Tianjin die Braut nicht einfach so abholt. Da könne ja jeder kommen. Stattdessen wird man auf die Probe gestellt.

«Und was passiert, wenn ich eine Aufgabe nicht lösen kann?», fragte ich.

«Dann musst du bezahlen», sagte sie.

Vorsichtshalber steckte ich in alle Umschläge einen Schein. Es wäre doch schade, wenn die Feier ausfallen müsste, nur weil ich nicht genug Geld dabeihatte, um die Türsteher zu bestechen. In China ein Anfängerfehler.

Den Sinn und Zweck des roten Stoffgürtels kannte auch die Putzfrau nicht. Aber der Beleuchter hatte so etwas schon einmal gesehen. Auf der Hochzeit seines Cousins, den er unverzüglich anrief. Das Telefongespräch klang auf unserer Seite so:

«Mmhmm, ah, mmhhm, ah, mmhhhm, ah, mmhm, ah, ah, ah, mhmmmm, mhmmm, ah, ah, mhmmm, ah, mmhhhhm, ah, mmhhmm, ah.»

Ein normales chinesisches Gespräch.

«Es ist ein Tianjiner Geldgurt», sagte er. «Das gibt es nur in Tianjin.»

In den «Tianjiner Geldgurt» steckt die Mutter des Bräutigams, was auch sonst, Geldscheine. Dann bindet sie ihn dem Sohn um, als Geschenkband sozusagen. Wir befolgten auch diese Sitte, denn Bofu ist sehr orthodox in seinem Aberglauben. Wenn Dingding verreist, steckt er ihr jedes Mal kommentarlos einen Apfel in den Koffer. Das chinesische Wort für «Apfel» ist schließlich gleichlautend mit dem Wort für «friedlich» oder «sicher». Wie kann da überhaupt jemand auf die Idee kommen, ohne einen Apfel im Koffer zu verreisen? In unserer Wohnung erlaubt Bofu keine Katzen, auch keine Katzenbilder oder -figuren. Nicht einmal die Winkekatze darf den Reichtum herbeiwinken. Dingding ist nämlich im Zeichen der Maus geboren, und da sind Katzen natürlich nicht willkommen. Vollkommen klar.

Es klopfte an der Tür.

«Hallo, ich bin Thies», sagte der fremde junge Mann freundlich. «Ich fahre mit dir. Dein Schwiegervater schickt mich.»

Thies ist der deutsche Ehemann der Tochter einer Arbeitskollegin von Bofu. Er war in Tianjin zu Besuch, und Bofu hatte ihn eingeladen.

«Wegen der ungeraden Zahlen», erklärte Thies. «Hat man dir das nicht gesagt?»

Nein, hatte man nicht.

Im Laufe des folgenden Gesprächs, bei dem nun ich hauptsächlich die Laute «Mmhmm, ah, mmhhm, ah, mhhhm, ah, ah, ah» von mir gab, erfuhr ich, dass ich in Kürze von einem Wagen abgeholt werden würde. Der Wagen hatte einen Fahrer, und zusammen wären wir zu zweit. Nach dem Tianjiner Reinheitsgebot für Eheschließungen sind aber in dem Wagen – oder der Sänfte, womit auch immer der Gatte anrückt – nur ungerade Passagierzahlen schicklich. Familienangehörige sind auf der Eroberungsfahrt nicht erlaubt. Meine aus Deutschland angereisten Freunde kamen erst mit den anderen Beijinger Hochzeitsgästen im von Bofu gemieteten Shuttlebus. Und so blieb nur noch Thies als mein Adjutant.

Der Wagen brachte uns zur Wohnung meiner Schwiegereltern. Dingdings ganze Familie hatte sich dort versammelt, um mich unter dem Gejauchze der Großtanten Rätsel lösen, Lieder singen und haufenweise rote Umschläge verteilen zu lassen, bis ich mich zum ehemaligen Kinderzimmer meiner Ehefrau durchgekämpft hatte.

Und da saß Dingding, wunderschön, strahlend, in einem weißen Hochzeitskleid. Wir durften uns küssen, und ich musste als letzte Aufgabe ihre Schuhe finden, die man in der Wohnung versteckt hatte. Dann noch kurz die Urschreitherapie mit Bofu, und die Feier konnte beginnen.

Als wir auf den kleinen Vorplatz der «Villa Europa» fuhren, standen meine Eltern, mein Bruder und meine Freunde Fiete, Tine und Daniel zusammen mit den anderen Hochzeitsgästen im dichten Nebel. Tine hatte sich noch gewundert, warum man denn die roten Feuerwehrschläuche auf der Straße in Form eines Herzens ausgerollt hatte. Als dann diese «Feuerwehrschläuche» angezündet wurden, wusste sie, warum. Es waren riesige Böllerketten, die nun die Wände zum Wackeln brachten. Sämtliche Alarmanlagen der in der Nähe geparkten Autos stimmten jaulend mit ein.

In den letzten Tagen hatten Fiete, Tine und Daniel so einiges gelernt. Fiete hatte gelernt, dass es in China gar nicht so schlimm ist, wenn der eigene Koffer nicht auf dem Rollband liegt, weil man einfach den Bräutigam zum Schneider begleiten kann und sich die Urlaubsgarderobe auf den Leib schneidern lässt. Tine hatte gelernt, dass es überhaupt keinen Sinn hat, sich für die paar Tage diese komischen chinesischen Namen und Orte zu merken. Stattdessen konnte man die Stationen der Beijinger U-Bahn doch einfach allesamt «Monchichi Gong» oder «Pengeldengel» nennen. Und Daniel hatte gelernt, dass der Bankautomat die Kreditkarte einzieht, wenn man die Geheimzahl dreimal von hinten nach vorn eingibt. Mein Bruder hatte ihm gesagt, dass die PIN in China andersherum eingegeben wird. Aber er meinte das Tastenfeld auf dem Automaten, das nicht mit der Eins, sondern mit der Neun beginnt. Irgendwie hatte Daniel das falsch verstanden. Der erste Chinabesuch hatte auch für meine Freunde einige Überraschungen parat. Doch sie waren an diesem Morgen eigenständig, mit dem guten alten Taxi-Guide meiner Mutter bewaffnet, zum Treffpunkt gelangt und im klimatisierten Reisebus zusammen mit dem Rest der auswärtigen Gäste zur «Villa Europa» gebracht worden.

Die Hochzeitsgesellschaft stand hustend im Qualm der Feuerwerkskörper und hielt sich verschreckt die Ohren zu. Als der Nebel sich lichtete, erkannte ich auch Jupiter und Wang Hui unter ihnen.

«Was macht ihr denn hier?», fragte ich.

«Aber Herr Lehrer», Jupiter machte große Augen, denn er hatte meinen Scherz offenbar nicht verstanden, «Sie hatten uns doch eingeladen.»

Der Moderator rumpelte uns, von meiner Begriffsstutzigkeit in Sachen Schwiegerelternumbenennung mal abgesehen, gelassen durch den Abend. Dingding sah in jedem einzelnen der drei verschiedenen Outfits zauberhaft aus. Die Töchter meiner Arbeitskollegen hatten ihre Freude daran, sich von der Stylistin auch ein wenig umdekorieren zu lassen. Nur der Hochzeitsfilm ließ das Premierenpublikum irritiert zurück, sodass im Anschluss die Deutschen die Chinesen fragten, worum es darin eigentlich gehe und umgekehrt. Ja, der Film hatte seine Schwächen, aber zumindest als Kommunikationsanlass zur Reflexion kultureller Fremderfahrung war er ein Erfolg.

Doch dann begann der Teil der Abends, vor dem mir graute: die große Sauftour von Tisch zu Tisch. Mein Bruder und Trauzeuge hatte sich vorbereitet. Er war von Dingdings Cousins mit einer präparierten Schnapsflasche ausgestattet worden, in der statt Höchstprozentigem nur klares Wasser war. Aber auch das hielt die mit Bofu befreundeten «Hochzeitsprofis» nicht davon ab, mich zu dem einen oder anderen Schnaps zu nötigen. Unangehm wurde es, als sie riefen: «Seht her, Ausländer vertragen keinen Baijiu. In der Flasche seines Bruders ist nur Wasser.» Oder: «Na, wenn du schon keinen Baijiu verträgst, dann trink doch wenigstens ein Gläschen Rotwein mit uns.»

In meinem norddeutschen Stolz gekränkt, willigte ich ein und stieß mit einem Glas Rotwein an, an dem ich vorsichtshalber nur nippte. Keine gute Idee. Ehe ich es mich versah, wollten alle älteren Herrschaften an jedem Tisch mit Rotwein anstoßen. Mein Bruder stand mit seiner Schnapsflaschenattrappe verloren in der Gegend herum. Nach dem dritten Tisch, als rotweinlaunig mein Widerstand gegen die randvollen Baijiu-Gläser zu schwinden begann, kam Dingdings Cousin zur Hilfe. Er hatte, hochzeitserfahren, wie er war, die Situation richtig gelesen und ausgerechnet, dass ein ausgewachsener Mitteleuropäer nach spätestens drei weiteren Tischen die Lallmauer durchbrechen würde. Feierliches Trinken ist in China ein Kampfsport, und kurz sah es so aus, als würde die Taktik von Bofus Arbeitskollegen aufgehen. Sie hatten aber nicht mit der konzertierten Abwehraktion der Verwandtschaft gerechnet. So leicht waren wir nicht zu bezwingen. Mein Bruder nahm die Angreifer auf der Baijiu-Seite in Manndeckung und achtete darauf, dass die Gläser ausschließlich von ihm befüllt wurden. Dingdings Cousin organisierte eine Rotwein-Abwehrkette. Er schnappte sich eine leere Weinflasche vom gegnerischen Tisch und befüllte sie auf der Toilette mit Cola.

Nachdem wir beim letzten Tisch angelangt waren, hatte ich zwar einen Koffeinschock, aber immerhin erlebte ich das Ende des Abends noch bei vollem Bewusstsein.

Fiete, Tine und Daniel waren enttäuscht, als gegen neun Uhr der Bus schon wieder bereitstand, um die Beijinger Gäste zurückzufahren. Nach deutschem Verständnis fing es ja gerade erst an, gemütlich zu werden. Meine drei Freunde wurden, weil sie schon so lange meine Freunde waren, von Laoba, ehemals Bofu, kurzerhand zu «Eisenfreunden» erklärt. Zur Betonung seiner Verbundenheit trank er schnell ein Wasserglas Baijiu auf ihr Wohl. Natürlich nicht ohne durchnummerierte Wünsche zu proklamieren.

Am Ende des Abends, die Teller waren schon abgeräumt, setzten sich mein Vater und meine Mutter zu Dingding und mir an den Tisch. Sie hatten am Ehrendrehtisch direkt vor der Bühne gesessen. Meine chinesische Verwandtschaft hatte sich um sie gekümmert und ihnen ungefragt Dinge auf den Teller gelegt. Die Seegurke – ob es an meiner Reaktion gelegen hatte oder weil die Seegurkensaison vorüber war – hatte man wieder abbestellt, aber es gab noch genug andere Köstlichkeiten, die man Ehrengästen servieren konnte. Meine Eltern waren vorbereitet, und sie schlugen sich tapfer. Auch sie führten während des Essens eine Abwehrschlacht. Es ist nicht einfach, auf die chinesische Höflichkeit zu reagieren. Nur wer die Codes kennt, hat eine Chance. Chinesen gehen oft davon aus, dass die Gäste einfach zu höflich und bescheiden sind, um sich von der guten Fischkopfsuppe und dem Quallensalat zu nehmen, und darum beladen sie einem den Teller, ob man möchte oder nicht. Wenn man den Fehler macht, aus Höflichkeit alles aufzuessen, was da auf dem Teller landet, denkt der Gastgeber, dass es geschmeckt hat und man sich nicht traut, sich selbst nachzunehmen. Ich bin daher dazu übergegangen, weniger appetitliche Dinge zur Abschreckung auf dem Teller liegen zu lassen.

Mein Vater sah recht vergnügt aus. Wang Hui hatte seine Rede während der Feier gedolmetscht. Einige Tage vorher saßen wir zusammen mit meiner Mutter bei «Fresh Elements», einer neu eröffneten Salat- und Sandwichlounge in Sanlitun, wo sich junge Chinesen mit iPads in Sesseln fläzten. Ich hatte gerade meinen maßgeschneiderten Hochzeitsanzug in einer Nebenstraße auf dem Bürgersteig anpassen lassen, weil in dem winzigen Laden dafür nicht genug Platz war. Mein Bruder, Fiete, Tine und Daniel wollten noch eine Weile mit den Händlern um nachgemachte Gucci-Taschen und Rolex-Uhren feilschen, wir aber waren hungrig. Mein Vater hatte sein Rucola-Pesto-Walnuss-Sandwich aufgegessen. Er fragte, ob er mir – falls er seine Lesebrille finden würde – seine Rede einmal vorlesen könne. Und so trug mein Vater im gleichen Tonfall, mit dem er uns als Kindern Gutenachtgeschichten vorlas, seine Ansprache vor. Ich kann mich nicht mehr genau erinnern, worum es darin ging. Meine Mutter, die sich, von den Pharaoameisen in meiner Wohnung abgesehen, an so vieles gewöhnt hatte, fragte mich, ob mir die Rede nicht gefalle.

«Doch, sie gefällt mir», sagte ich möglichst gleichgültig. Auch heute, obwohl ich die Rede auf der Feier immerhin ein zweites Mal gehört hatte, kann ich mich an ihren Inhalt kaum erinnern. Es muss am Tonfall meines Vaters gelegen haben, für mich das eindeutige Signal zum Einschlafen.

Dennoch, die Rede war gehalten, und mein Schwiegervater hatte das Wort «Qingjia» ausgesprochen, das die Vereinigung der beiden Familien besiegeln sollte. «Wir haben auch noch eine Überraschung für euch», sagte mein Vater. Er holte eine Plastikschachtel mit einem Spielzeugauto aus der Jackentasche und stellte sie auf den Tisch.

«Damit ihr nicht ganz so nackt heiraten müsst. Es ist vielleich kein Schatzpferdchen, aber ein fahrbarer Untersatz ist es schon.»

Weil Dingding und ich nicht wussten, was wir sagen sollten, redete mein Vater einfach weiter.

«Die rote Schleife habe ich weggelassen», sagte er. «Aber damit bist du ohnehin ganz gut ausgestattet.»

Ich wusste erst nicht, was er meinte, bis mir auffiel, dass ich noch immer das überdimensionale Geschenkband trug.

«Damit ihr uns in Bumsberg auch mal besuchen kommt», sagte meine Mutter. «Wer weiß, wo ihr euch niederlasst.»

«Das werden wir machen», sagte Dingding. «Allein schon wegen der frischen Landluft.»

Ja, Original

25 «Noch etwas tiefer. Ja, genau da. Oh! Ah! Das tut gut!»
«Noch ein bisschen mehr Öl. Dann tut es nicht so weh.»
Ich stand mit dem Gesicht zur Wand. Ich beugte mich vor.
In der Herrentoilette. Auf dem Flughafen von Beijing. Was
war passiert?

Vielleicht hatten wir uns doch zu viel vorgenommen. Ein
kompletter Umzug von China nach Deutschland. Die Jobs
mussten gekündigt, die Wohnung übergeben werden. Ich
hatte ein Seminar an der Humboldt-Universität vorzubereiten, ich war in der Endphase meiner Promotion. Dingding
und ich halfen den Hochzeitsgästen bei den Visumanträgen.
Die Krankenkasse, das Meldeamt, das Finanzamt, die Aus-
länderbehörde, all das lag noch vor uns. Und ganz nebenbei
wollten wir auch noch eine zweite interkulturelle Hochzeit
feiern. Alles in einem Abwasch. Das war der Plan.

Dann bekam Dingding ein wenig kalte Füße, was ja bei
Frauen, insbesondere nachts, nichts Ungewöhnliches ist:

War sie wirklich bereit, ihr altes Leben hinter sich zu lassen und in einem fremden Land, ohne Freunde, Kollegen, Familie, die Ehefrau zu spielen? Womöglich gar in Bumsberg? War sie überhaupt bereit für die Ehe? War es das jetzt? War das romantisch? Wo war sie in dieser Geschichte? War es überhaupt noch ihre Geschichte? Und war das nicht alles viel zu verrückt, um wahr zu sein?

Dann passierte die Sache mit dem Visum. Es kam einiges zusammen. Wir waren bei einem Informationstermin in der deutschen Botschaft von einem freundlichen, aber wenig sachkundigen Mitarbeiter beraten worden: Er hatte uns mitgeteilt, dass man ein Visum für den Ehepartner schnell und unkompliziert bekommen könne. Die Informationsbroschüre lasen wir dummerweise etwas oberflächlich. Als wir den Antrag schließlich stellten, ließ man uns jedenfalls wissen, dass es für eine längerfristige Aufenthaltserlaubnis zu spät sei und dass auch ein Touristenvisum nicht in Frage komme, weil Dingding bereits den Willen bekundet hatte, in Deutschland zu bleiben. Sie könne daher auf keinen Fall an ihrer eigenen Hochzeitsfeier teilnehmen. Ausgeschlossen. Die Tatsache, dass wir bereits verheiratet waren, stellte sich eher als hinderlich heraus. Im Laufe der nächsten Wochen gelang es, zumindest eine zeitweilige Einreisegenehmigung zu ergattern. Dingding musste sich verpflichten, kurz nach der Hochzeit nach China zurückzukommen, um von dort aus das Visum korrekt und fristgerecht zu beantragen. Das war teuer und ärgerlich, aber es war unsere eigene Schuld. Wer die Praktiken in China ein wenig kennt, der muss froh sein, dass zumindest die deutsche Botschaft sich nach Vorschrift verhält. Denn viele Chinesen nehmen lieber den bürokratischen Feldweg: Bescheinigungen, Führerscheine und alle anderen Dokumente bekommt man gegen eine kleine

Gebühr beim korrupten Beamten oder beim Urkundenfälscher des Vertrauens.

Die deutsche Botschaft hat eigens eine Prüfstelle eingerichtet, wo man die Zeugnisse von angehenden chinesischen Austauschstudenten auf ihre Echtheit überprüft. Es wird getestet, ob der Student das angegebene Fach auch wirklich studiert. Ein Physikstudent sollte ungefähr wissen, was Einstein so geschrieben hat, und ein Germanistikstudent sollte den Namen Goethe schon einmal gehört haben.

Wir hätten ahnen müssen, dass auch ein Visum für chinesische Ehepartner keine einfache Sache sein würde. Und so kamen stressige Zeiten auf uns zu. So stressig, dass ich zwischen den vielen Stunden am Schreibtisch und dem Verladen von Umzugskisten nicht mehr dazu kam, meine Rückenübungen zu machen. Dingding und ich saßen – nachdem es uns gelungen war, die Äpfel, die Laoba in unser Gepäck geschmuggelt hatte, teilweise aufzuessen, teilweise zu entsorgen – samt Schwiegereltern am Beijinger Flughafen in einem Café. Wir hatten noch eine halbe Stunde bis zum Einchecken, und ich erwähnte beiläufig meine immer schlimmer werdenden hexenschussartigen Rückenschmerzen. «Nichts Dramatisches», sagte ich, um Laoba zu beruhigen, «nur ein Ziehen.» Laoba stand unverzüglich vom Kaffeetisch auf, und sein Bürstenkopf verschwand in der Menschenmenge. Keine fünf Minuten später hatte er eine Flasche Massageöl und eine Packung Kräuterpflaster aufgetrieben. Widerstand war zwecklos. Auf der Toilette musste ich meinen Gürtel öffnen, meine Lendenwirbelsäule freilegen und wurde geheilt. Und das war bis auf weiteres mein Abschied von China.

Einige Wochen später trafen Laoba, Laoma, Jiujiu, der

Bruder von Dingdings Mutter, und Dayi, ihre Schwester, in Deutschland ein. Jiujiu hatte als Einziger China vorher schon einmal verlassen – er war beruflich in die USA gereist. Für die anderen drei war alles neu, vor allem die Ruhe. Keine Fahrradbremsen quietschten, und niemand schrie ins Megaphon. Mein Schwiegervater hatte in den ersten Tagen Schlafstörungen, so beängstigend still kam ihm dieses Land vor. Meine Schwiegermutter genoss das akustische Idyll. Zum ersten Mal in ihrem Leben war es ruhig. Zumindest wenn ihr Mann schlief.

Die chinesischen Hochzeitsgäste waren im Ahrensburger Parkhotel untergebracht, weil Ahrensburg die stadtähnlichste Ansammlung von Gebäuden ist, die der Kreis Stormarn zu bieten hat. Wir hielten es für «gesichtsgebend», dass direkt gegenüber ein echtes Schloss zu bewundern ist. Zum Glück. Denn schon am ersten Tag machte Laoba mit Jiujiu eine kleine Erkundungstour durch die Umgebung. Es gelang den beiden auf wundersame Weise, sich in Ahrensburg zu verirren. Weil Laoba außer «bye bye» und «pass!» über keine Englischkenntnisse verfügte, weil er keines der Straßenschilder lesen konnte, weil die Sonne allmählich unterging und weil seine drei Handys im Hotel lagen, fing er an, sich Sorgen zu machen. Würde er mit Jiujiu auf unbestimmte Zeit, vielleicht für immer, der norddeutschen Witterung schutzlos ausgeliefert sein? Ratlos stand er im menschenleeren Ahrensburger Industriegebiet. Dann hatte Jiujiu eine Idee. Seit der Ankunft hatte er alles mit seiner Videokamera aufgenommen. Er spulte zum Schloss zurück und zeigte es einem vorbeitrottenden Automechaniker. Rechtzeitig zum Abendessen waren sie zurück. Laoba hatte sogar noch genug Zeit, die zahlreichen Gastgeschenke zu sortieren, die er im eigens dafür angeschafften Rollkoffer mitgebracht hatte.

Vielleicht ist es doch ein Unterschied, ob man vor Gott heiratet oder vor einem Siebzehnjährigen im rosafarbenen Polohemd. Jedenfalls war ich nervös. Und diesmal würden Verwandte und Freunde kommen, die ich viele Jahre nicht gesehen hatte. Wie würde ich, der Ausgewanderte, mit meiner fremden Frau auf sie wirken? War die evangelische Kirche wirklich so tolerant und empfing ungläubige Fremde mit offenen Armen? Aber als ich die Gesichter der Verwandten erblickte, die schon bei meiner Konfirmation waren, als ich Studien- und Schulfreunde sah, wie sie zusammen mit den chinesischen Hochzeitsgästen vor der Kirche standen, waren das nur noch theoretische Fragen.

«Sie haben zugenommen, Herr Lehrer!», hörte ich plötzlich eine ebenfalls seltsam vertraute Stimme, die unvermittelt zwischen Tonhöhen und -tiefen pendelte.

«Jupiter!», rief ich. «Was machst du denn schon wieder hier?»

Dieses Mal war ich wirklich überrascht.

«Ich studiere jetzt in Marburg.» Er grinste. «Dingding musste mir versprechen, Ihnen nichts zu erzählen. Es war mein Ziel, sie überzugeraschen.»

«Das ist dir gelungen», sagte ich. «Ich bin sogar freudig übergerascht.»

«Ihr könnt später weiterquatschen», sagte Dingding. «Lasst uns lieber reingehen. Außerdem fängt es an zu regnen.»

Die Glocken läuteten, und wir betraten die für das bevorstehende Erntedankfest geschmückte Kirche, und Laoba nahm wohlwollend zur Kenntnis, dass offensichtlich auch in Deutschland Äpfel als glücksbringendes Symbol dienen. Der Pastor begrüßte mich mit einem fröhlichen «Ni Hao». An die eigentliche Trauung kann ich mich nur sehr verschwommen erinnern. Ich weiß noch, dass in dem Moment, da der Pastor den Segen verkündete, der Nieselregen aussetzte, ein Lichtstrahl durch die Wolken brach und Dingding für einen kurzen Moment aussah, als trüge sie einen Heiligenschein.

«Das ist aber nett», dachte ich.

Frischvermählt traten wir auf die Straße und stießen auf die norddeutsche Variante einer Schatzpferdkarawane. Eine weiße Kutsche. Auf zur nächsten Etappe!

Luo Xi, eine ehemalige Studentin, die inzwischen mit einem Deutschen liiert war, hatte die Sitte mit dem Brautstraußwerfen irgendwie falsch verstanden. Als der Strauß durch die Lüfte flog, schnappte sie ihn hechtspringend und übergab ihn nach einer Art Home Run ihrem Freund. Ein Jahr später wurde die nächste interkulturelle Hochzeit gefeiert. Und als Dingding mit Fiete tanzte, zog ihre Dayi sie plötzlich von der Tanzfläche. Sie hielt das traditionelle blaue Strumpfband für eine heruntergerutschte Unterhose.

Mein Vater hielt seine bereits erprobte Rede. Er baute wieder das bedeutungsvolle Wort «Qingjia» ein und ließ Laoba «An de Eck steiht 'n Jung mit'n Tüddelband» Satz für Satz nachsprechen.

Laoba sich ließ sich im Laufe des Abends überreden, den Hamfelder Oberförster, eine Art lokale Baijiu-Spezialität, zu probieren. Kurz darauf war auch er auf der Tanzfläche. Ich habe noch nie jemanden so tanzen gesehen. Ich wusste ja, dass der Mann mit den Fingern in der Steckdose schlief, aber was war das? Während normale Menschen eine Bewegung machten, machte er vier. Es sah aus wie ein Gymnastikvideo mit Jackie Chan im Zeitraffer. Den Hochzeitsgästen gefiel dieser gelenkige Ausdruck chinesischer Lebensfreude. Nur meine Schwiegermutter fand ihren Mann ganz schrecklich peinlich. Als Dingding uns später erzählte, wie sehr sich Laoma für die Performance ihres Mannes geschämt hatte, konnte meine Mutter nur seufzen: «Ach ja. Manche Dinge sind auf der ganzen Welt gleich.»

Am nächsten Tag saßen Dingding und ich nach einer sehr kurzen Nacht im Hochzeitszimmer der Hamfelder Mühle beim Frühstücksbrunch. Es hatte weder einen Polterabend noch einen Junggesellenabschied gegeben, und wie vermutet hatten meine Berliner Freunde die lange Reise nicht auf sich genommen, um gegen Mitternacht schön brav ins Bett zu gehen.

Am Frühstückstisch sah meine Gattin etwas nachdenklich aus.

«Die Deutschen sind ein komisches Volk», sagte sie. «Tagsüber sind sie immer so reserviert und förmlich. Sie gehen in die Kirche und benehmen sich wie Heilige. Aber abends, wenn sie zwei Bier getrunken haben, dann werden sie lustig, dann werden sie ganz anderere Menschen. Wenn sie fünf Bier getrunken haben, dann sind sie wieder andere Menschen. Und wenn sie acht Bier getrunken haben, dann sind sie überhaupt keine Menschen mehr.»

«Jo!», sagte ich. «War doch 'ne tierische Party.»

Anschließend folgte die Hochzeitsreise, die wir einige Monate zuvor geplant hatten. Ober besser: Dingding hatte geplant, und ich hatte mich nach einigem Widerstand breitschlagen lassen.

«Dingding, mein Schatz! Deine Familie kann sich nicht innerhalb von drei Tagen halb Europa ansehen», sagte ich. «Das geht nicht.»

«Wir sind Chinesen. Wir bauen komplette Hochhaussiedlungen über Nacht. Wenn wir das wollen, dann können wir das.»

«Gut, ich nehme alles zurück. Können ist aber nur die eine Sache. Die Frage ist doch, ob es Spaß macht.»

«Uns Chinesen geht es nicht darum, dass das Reisen Spaß macht. Wir wollen so viel wie möglich in kürzester Zeit sehen.»

«Dingding! Berlin, Amsterdam und Paris in drei Tagen? Einen Tag nach der Hochzeit?»

«Ja, warum denn nicht? Deutschland ist gerade so groß wie die Provinz Shandong, da wird man sich doch etwas in der Umgebung umsehen können!»

«Wie wäre es mit Mölln, Lübeck und dem Husumer Heimatmuseum? Das würde gehen.»

«Jiujiu und Dayi kommen vielleicht nur ein einziges Mal im Leben nach Europa. Und da sollen sie in euren doofen Strandkörben liegen oder diese miese Matschwanderung machen? Vergiss es!»

Ursprünglich hatte ich vorgehabt, die steuerlichen Früchte unserer Eheschließung zu nutzen, um nach der Schnellhochzeit in Las Vegas dem lieben Elvis einen schönen Tag zu wünschen und dann in Richtung Bahamas zu verschwinden. Das wären Flitterwochen nach meinem Geschmack gewesen. Stattdessen holten Dingding und ich einen Tag nach der Hochzeit vier Chinesen mit einem gemieteten Kleinbus im Ahrensburger Parkhotel ab. Jiujiu musste bald schon wieder arbeiten – Chinesen haben normalerweise nur wenige Tage frei wählbaren Urlaub im Jahr –, sodass keine Zeit blieb für eine ausgedehnte Europareise. Selbst diese praktischen Bustouren, die auf chinesische Bedürfnisse zugeschnitten sind, passten nicht ins Programm. Die asiatischen Gemütlichkeitsverächter werden dabei von Sehenswürdigkeit zu Sehenswürdigkeit gekarrt. Im Bus gibt es Animation und Karaoke, abends chinesisches Essen, und wenn man am Schloss Neuschwanstein angekommen ist, sagt die Reiseführerin: «So, Sie haben jetzt eine Stunde Zeit, sich alles anzusehen. Danach treffen wir uns auf dem Platz vor dem Schloss, und Sie machen Ihr Foto.»

Ein befreundeter deutscher Botschaftsangestellter, ebenfalls chinesischer Schwiegersohn im Nebenberuf, hatte mir von solchen Reisen erzählt. Er hatte seine Schwiegereltern nach der Hochzeitsfeier beim Busunternehmen abgegeben und nach Tausenden und Abertausenden von Kilometern auf europäischen Autobahnen sehr gut gelaunt wieder abgeholt. Amsterdam, Paris, Wien, Rom, München und Neuschwanstein. Auf den Fotos, auf denen sie vor den Sehenswürdigkeiten das Victory-Zeichen machen, sahen sie ein wenig müde aus, aber sehr glücklich. Doch selbst diese Blitztour dauerte länger als drei Tage. Und so mietete ich einen Mercedes Vito, packte Aspirin und Koffeintabletten ein, und auf ging's zur Hochzeitsreise.

«Wer hat denn immer gesagt: Kommt uns alle in Deutschland besuchen! Ich werde mich für all die schönen Geschenke revanchieren!», fragte meine Frau.

«Ich», sagte ich.

Berlin gefiel meinen Schwiegereltern nicht so gut, zu unordentlich, zu bunt, zu wenig deutsch – im Vergleich zu Hamburg, durch das mein Vater uns gelotst hatte. In Berlin übernachteten wir in einem mittelpreisigen Hotel in der Nähe des Ku'damms, das ich gebucht hatte. Langsam war es dann auch mal gut mit dieser chinesischen Art der Gesichtspflege, befand ich. Wenn das so weiterging, dann wären beide Seiten der Familie in wenigen Jahren selbst für Peter Zwegat hoffnungslose Fälle. Abends lud ich die Familie zum Essen ein: richtiges Essen, chinesisches Essen. In Laobas Augen flackerte ein Leuchten auf. Die Besitzerin des Ladens stammte aus Tianjin. Im Restaurant benahm sich mein Schwiegervater wie ein Goldfisch, den man nach langer Zeit an Land ins Wasser zurückgeworfen hatte.

«Tianjiner bist du? Dann zeig mal, was du draufhast! Was, du hast nicht einmal Lamm-Jiaozi? Mapo-Tofu? Gongbao-Jiding? Gulao-Rou?»

Ratlose Blicke.

«Junge Dame, woher kommst du denn?», fragte er die Kellnerin. «Ich empfehle dir, den Weißkohl zusammen mit ein paar Holzohren zu dünsten.»

Kurze Zeit später stand er in der Küche vor einem dampfenden Wok und zeigte der interessierten Kellnerin, was genau er gemeint hatte. Auch meine Schwiegermutter war glücklich. Endlich konnte sie ihr heißes Wasser bestellen. Sie mochte keinen Tee oder Kaffee, nur heißes Wasser. In China gibt es das zu jedem Essen. Auch in der Bahn, in den Universitäten und in jedem Büro stehen Heißwasserspender. In Deutschland musste meine Schwiegermutter dafür jedes Mal einen Tee bestellen, sodass sie am Ende der Reise eine ganze Sammlung von unterschiedlichen Teebeuteln in der Handtasche mit sich führte. Wenn Laolao wüsste, dass ihre Tochter fast dreißig Yuan für eine Tasse heißes Wasser ausgab! Vielleicht würde sie sich dann doch noch ein Gebiss machen lassen. Wenn man dreißig Yuan für eine Tasse heißes Wasser ausgab, war ohnehin alles egal.

Von Berlin aus ging es nach Amsterdam. Für einen Nachmittag. Meine chinesische Verwandtschaft sah sich die Grachten und die anderen Attraktionen an. Ich schlief ein, als ich mich auf das Hotelbett setzte. Am nächsten Tag stand der historische Windmühlenpark auf dem Programm. Windmühlen sollte man schon gesehen haben, wenn man gerade mal in Europa unterwegs ist. Sie sind für Chinesen das, was die Terrakotta-Krieger in Xi'an für uns Europäer sind. In Prospekten für Europareisen stehen sie auf der ersten Seite. Ganze Busladungen von Asiaten werden ausgekippt und durch Käsereien und Tulpensouvenirläden gescheucht. Auch die Luxusartikel für die Familie, Uhren und Schmuck, bekommen eilige Asiaten gleich vor Ort – Beratung auf Mandarin von muttersprachlichen Verkäufern inklusive. Während deutsche Chinareisende zuallererst und unbedingt auf den großen Fake-Märkten nach Markenimitaten zum kleinen Preis suchen, ist der Chinese in Europa ausschließlich an Originalen interessiert. Die sind zwar sehr teuer, aber wegen wegfallender Importzölle und Steuern deutlich billiger als in China. Luxus ist das Lebensgefühl, das die Chinesen antreibt.

Jiujiu erstand bei einer netten Dame aus Guangzhou eine Herrenarmbanduhr für seinen Sohn und interessierte sich außerdem für eine Kuckucksuhr. Ich half ihm dabei, den Preis zu erfragen. Die Verkäuferin holte die Uhr zu Demonstrationszwecken aus dem Regal und reichte sie Jiujiu zur Begutachtung. Er drehte die Uhr um, stellte sie umgehend wortlos zurück ins Regal und verließ den Laden.

«Was hat er denn?», fragte mich die Verkäuferin.

«Keine Ahnung», sagte ich und nahm die Uhr aus dem Regal.

«Made in China», las ich vor.

«Ach so», sagte die Verkäuferin.

Nach dem Besuch des historischen Mühlen-Disneylands fuhren wir durch holländische, belgische und dann französische Landschaften. Dayi sah verträumt aus dem Fenster. Sie war während der Fahrt, ihrem eher zurückhaltenden Wesen entsprechend, sehr ruhig gewesen. Als sie aber die malerischen französischen Dörfer sah – der Rest der Familie schlief gerade –, erzählte sie mir, wie seltsam unwirklich die Bauernhöfe auf sie wirkten. Geradezu einladend. In China möchte niemand auf dem Land leben, alle wollen in die Stadt. Während der Kulturrevolution musste Dayi in der Landwirtschaft arbeiten. Für einen Europäer sei es unvorstellbar, wie elend es in China auf dem Land zugehe. Als sie nach Tianjin zurückkehren durfte, taten ihr die Augen weh, wenn sie nur eine Wand ansah. Sie musste sich erst wieder an die weiße Farbe gewöhnen, so schmutzig war das Dorf.

Für Paris hatten wir einen ganzen Tag Zeit. Wir checkten in einer Art Hostel ein – ich hatte mich geirrt, als ich davon ausging, dass man in Paris für siebzig Euro ein halbwegs anständiges Doppelzimmer bekommen würde. Als wir gemeinsam mit einer Horde spanischer Siebtklässler das spartanische Frühstücksbuffet überstanden hatten, machte Dayi ein Gesicht, als würde sie sich nach dem Dorf zurücksehnen, in das sie während der Kulturrevolution verbannt wurde. Erst beim Anblick der Mona Lisa lächelte sie wieder.

Wir sprinteten durch den Louvre, bestiegen den Eiffelturm, schlenderten schnellen Schrittes über die Champs-Élysées, kauften Louis-Vuitton-Taschen in den Galeries Lafayette, aßen Froschschenkel und ließen von einem Schnellzeichner ein Gruppenbild anfertigen. Am Abend bestiegen wir den Kleinbus, und ich gab im Navigationsgerät «Parkhotel Ahrensburg» ein. Am nächsten Tag um elf Uhr ging der Flieger von Hamburg nach Beijing.

Ich vermute, dass auf dem Parkplatz vor dem Parkhotel die unromantischste Hochzeitsreise aller Zeiten endete. Ein Jahr später erreichte mich eine Bildnachricht auf Weixin, dem Whatsapp der Chinesen. Es war ein Foto vom Wohnzimmer meiner Schwiegereltern.

Dort, wo früher das Bild hing, auf dem mein Schwieger-vater mit breiter Brust vor einem nachgemachten Eiffel-turm steht, hing nun ein neues.

«Guck mal», sagte Dingding, «das Original.»

«Ja», sagte ich. «Er ist wirklich ein Original, dein Laoba.»

Danke, liebe Chinesen!

Dies ist ein Buch über China und die Chinesen, wie sie mir begegnet sind. Jedem begegnet dieses riesige Land und mit ihm seine Menschen anders, und es gibt vieles, das hier nicht erzählt wurde, weil es nicht hineingepasst hat oder weil es schon so oft erzählt wurde. Dieses Buch handelt von meinem persönlichen China.

Ich habe in den letzten Jahren mindestens genau so viel über mich und meine eigenen kulturellen Wurzeln gelernt wie über China. Sechs Jahre habe ich als Lektor, Sprach- und Kulturvermittler gearbeitet. Man hat mich nicht immer verstanden, man hat mich auch nicht immer verstehen wollen, aber man hat mir immer zugehört – manchmal nur mit einem Ohr. Auch dafür bin ich dankbar. Und selbst wenn es stimmt, was Gustav Heinemann einmal gesagt hat: «Ach was, ich liebe keine Staaten. Ich liebe meine Frau.» Ich habe China und die Chinesen lieben gelernt. Irgendwie.

Das meiste in dieser schriftlichen Verarbeitung meines

Kulturschocks ist ganz genau so passiert. Nur die Namen habe ich zum Schutz der Persönlichkeit geändert. Meine Frau heißt in Wirklichkeit gar nicht Dingding. Und Jupiter? Na ja, der hieß eben Jupiter. Zumindest damals. Heute lebt er in Deutschland und arbeitet bei einem Touristikunternehmen.

Einige Erlebnisse habe ich auseinandergenommen und etwas anders wieder zusammengesetzt – aber im Grunde ist alles wahr. Auch die Sache mit dem Hundefleischsandwiches bei Starbucks. Ehrlich!